KB203666

계율에
방울 달기

지계와 파계 사이의 계율 부흥 운동

HAKAI TO NANSYOKU NO BUKKYOSHI

by Matsuo Kenji

Copyright © MATSUO Kenji 2008

All rights reserved.

Originally published in Japan by HEIBONSHA LIMITED, PUBLISHERS, Tokyo

Korean translation rights arranged with

HEIBONSHA LIMITED, PUBLISHERS, Japan

through Eric Yang Agency, Inc

계율에
방울 달기

지계와 파계 사이의 계율 부흥 운동

마츠오 켄지 지음
이자랑 옮김

올리브그린

지은이 인사말

이 책은 졸저,《破戒と男色の佛敎史》^(東京: 平凡社, 2008)의 한국어판이다. 제목은 매우 선정적이지만, 결코 이상한 이야기는 아니다. 본서의 목적은 일본불교사를 계율과의 관계 속에서 재검토하는 것이다. 일본불교의 특징이라고 하면 승려의 대처帶妻에서 볼 수 있듯이 계율 경시가 주로 주목되어 왔다. 이 책에서는 일본불교사를 재고함으로써, 계율 경시라는 일본불교의 특징이 메이지유신 이후에 새롭게 나타난 것이라는 점을 명확히 하였다. 그 전에는 지계의 움직임과 파계의 움직임이 교착하고 있었다고 할 수 있을 것이다.

본서를 한국어로 번역해 준 이자랑 박사는 동국대학교 교수이다. 10여 년 전쯤 동국대학교 김호성 교수님이 졸저,《「お坊さん」の日本史》^(東京: 日本放送出版協會, 2002)를 한국어로 번역해 주셨는데, 이자랑 박사는 그 출판 기념 강연회 때 통역을 맡아 준 인연이 있다. 필자의 책을 한국어로 번역해 준

5

점, 매우 영광임과 동시에 그 노고에 깊이 감사의 뜻을 전하고 싶다. 이박사의 탁월한 일본어 실력이 없었다면 본서 역시 간행되지 못하였을 것이다. 이 책이 한국어권의 사람들에게도 읽히게 된 것을 생각하면 저자로서 기쁨을 감출 수 없다.

2016년 2월 8일

야마가타山形대학의 연구실에서 마츠오 켄지松尾剛次

머리말

설사 어떤 상황에 처하더라도, 어떤 사람과 해후한다 하더라도 결코 그와는 털어놓고 이야기하지 마라. 잠깐의 분노와 비애로 이 계를 잊는다면, 그때야말로 사회로부터 버려질 것이라고 생각해라.(島崎藤村,《破戒》)

이 책의 제목에 등장하는 '파계'라는 단어를 보고, 1906(明治 39)년 3월에 시마자키 토손島崎藤村이 출판한 장편소설《파계》를 떠올린 독자도 많을지 모릅니다. 토손의 '파계'는 피차별부락에 태어난 주인공 세가와 우시마츠瀨川丑松가 성장 내력과 신분을 숨기고 살라는, 위에 인용한 바와 같은 아버지로부터의 훈계를 받고, 그 훈계를 확고하게 지키며 자라 성인이 되고 초등학교 교사가 되었으나, 결국 그 훈계를 깨게 된다는 의미에서의 '파계'입니다. 아버지의 훈계를 지키는 것과, 그 훈계를 깨고, 고백하고, 부담감으로부터 자유롭고 싶다고 하는 간절한 마음의 갈등, 본서의 주제에 따라 말하자면, 파계와 지계 사이를 살아간 주인공 세가와 우시마츠의 고뇌가 소설 《파계》의 주제입니다. 자신을 속이는 부담감이 응어리가 되어 축적되고, 이를 견딜 수 없어 고백하기에 이른 것입니다.

한편, 본서에서 말하는 파계란 석가모니가 정했다는 규칙인 계율을 깨는 것을 의미합니다. '지계'란 계율을 호지하는 것입니다. 따라서 시마자키 토손의 소설 《파계》에서의 파계와는 다릅니다만, 세가와 우시마츠의 고뇌는 석가의 계에 따라 살았던 승려들에게도 유사한 면이 있었을 것이며, 많은 승려들은 파계를 저지르고 참회하는 생활을 반복하며 살았을 것입니다.

불교 계율의 내용은 의거하는 계율서에 따라 차이가 있습니다만, 중국·한국·일본에서 많이 사용되는 《사분율》이라는 계율서에 의하면, 20세 이상의 정식 승려인 비구가 호지해야 할 계율에는 불음(不淫, 성교하지 않는다) 등 250여 계가 있습니다. 종래에 계율은 경시되곤 하여, 계율에 관한 연구도 일반인 대상의 책 등도 거의 없습니다. 그러나 일본의 불교가 불교인 이상, 본래 석가가 정했다고 하는 계율을 무시할 수는 없을 것입니다. 세계의 불교계에서 일본불교를 불교가 아니라고 하는 것도, 승려가 결혼한다는 일본불교의 계율 경시에 유래합니다. 일본의 많은 독자는 일본의 승려가 결혼한다는 점에 위화감을 느끼지 않을 것입니다. 그러나 태국이나 스리랑카 등에서 승려의 결혼은 엄격히 금지되고 있으며, 여성과 성적 관계를 가진 승려에게는 승단으로부터의 추방이라는 엄벌이 내려집니다. 이는 석가가 정한 계율에 불음계를 저지른 자는 승단으로부터 추방한다는 규정이 있기 때문입니다.

그런데 승려의 결혼 공인은 일본불교의 역사에서 결코 오래된 일은 아니며, 메이지明治 이래의 매우 후대의 일입니다. 1872(明治 5)년에 발포된 '육식·대처·축발蓄髮은 자유롭게 할 것'이라는 '태정관포고太政官布告'에 의해 일본의 승려들은 공공연하게 육식하고, 술을 마시고, 머리카락을 자르지 않고, 결혼을 하게 된 것입니다.

한편, 근년에 '신체론'이 크게 주목받고 있습니다. 이것은 불교 연구에 있어서도 크게 중시되어야 할 시점입니다. 불교는 교리·교학·사상에 중점이 놓여 왔으며, 신체, 특히 승려의 하반신에 관한 문제는 터부시되어 왔습니다. 승려의 '파계' 행위도 보통 폐불론廢佛論과의 관련이나 승려 사회의 잡담 정도로 논해질 뿐, 일본불교사에서 정면으로 논의되어 왔다고는 말할 수 없습니다. 그러나 불교의 기수였던 승려들의 일거

수일투족에 주목하는 것은, 실재로서의 불교를 이해하는데 있어 불가결할 것입니다. 불교는 그림의 떡과 같은 관념적인 존재가 아닌, 승려나 신앙인들의 구체적인 활동 속에 살아 있었기 때문입니다. 따라서 불교를 논할 때에도 교리나 역사만이 아닌, 승려의 '신체론'적인 고찰도 유효하다고 말할 수 있겠지요.

이때 승려들이 살아가는데 있어 규범이었던 계율은 승려들의 '신체론'을 생각하는 실마리가 될 것입니다. 계율은 승려들의 행동거지 전반에 걸쳐 이들 행동을 규제하는 원리이며, 메이지유신明治維新 이전까지는 일본불교에서 큰 의미를 지니고 있었기 때문입니다. 현대 일본의 승려들은 이미 이러한 행동 규범을 잃어버렸다 해도 과언이 아닙니다.

13, 4세기에는 에이존叡尊, 닌쇼忍性, 고엔興圓, 에친惠鎭이라는 승려들에 의한 계율 부흥 운동이 속속 일어나 눈부신 확장을 보이고, 사회적으로도 큰 세력을 지니고 있었습니다. 그다지 알려져 있지 않습니다만, 특히 에이존의 교단은 10만을 넘는 신자를 가진 일본 최대의 교단이었습니다. 의외일지 모릅니다만, 계율의 부흥이 사회에 받아들여지고 있었던 것입니다. 이에 비해, 현재 큰 세력을 지닌 호넨法然, 신란親鸞, 니치렌日蓮, 도겐道元 등의 교단은 이와 대조적으로 소수파였습

니다. 따라서 계율 부흥 운동의 배경에 있었던 승려와 계율과의 관계에도 크게 주목해야 한다고 생각합니다.

그런데 제가 가마쿠라鎌倉신불교 연구를 시작하고 이상하게 생각한 것은, 신란의 통렬한 승려 집단 비판이라고 할 수 있는 '무계無戒'의 선언이었습니다. 신란은 당시 사이쵸最澄 작으로 알려진 《말법등명기末法燈明記》를 인용하면서 말법인 지금 계율을 지키고 있는 승려는 시장에 있는 호랑이와 같은 존재처럼 위험하고 신뢰할 수 없다고 단언하고 있습니다. 신란의 너무나도 통렬하고 절절한 이런 심정의 배경에는 무엇이 있었던 것일까요? 이러한 가식 없는 비평의 배경에는 신란의 실체험이 있었을 것입니다.

다른 한편에서는 에이존, 닌쇼 등의 계율 부흥 운동이 일어납니다. 신란의 '무계'의 요소와 앞의 에이존, 닌쇼 등의 '지계'의 요소는 얼핏 보아 완전히 상반된 것으로, 교차하는 바가 없는 것처럼 보입니다. 그러나 중세 사회에서 에이존, 닌쇼 등의 계율 부흥 운동이 주목받고 존경받았다는 사실 자체가 승려들의 파계 현실, 즉 무서우리만큼 뿌리 깊은 파계의 현상을 반영하고 있는 것입니다. 신란의 신랄한 무계의 외침도, 에이존·닌쇼 등의 지계의 운동도 실은 같은 파계의 현실에 뿌리를 두고 있었다고 생각됩니다.

본서에서는 중세에 나타났던 이러한 파계 상황도 되돌아봅니다. 본문에서도 언급하고 있는《가스가곤겐겐키에 春日權現驗記繪》를 예로 들어 봅시다. 이것은 14세기 초에 나라奈良 가스가샤春日社에 봉납된 것입니다만, 중세의 고후쿠지興福寺 승려의 생활을 아는데 있어서도 중요한 사료입니다. 그 권15 제5단에는 13세기 전반의 이야기로 호센보法泉房와 가이紀伊 사주寺主의 이야기가 거론됩니다. 그림 1은 고후쿠지 승려인 기이 사주가 자면서 꿈을 꾸고 있는 장면입니다. 삭발하고 있는 것이 기이 사주입니다. 사주란 절의 사무를 담당하는 승려입니다. 그는 여성으로 보이는 사람(사실은 소년)과 함께 자고 있음을 알 수 있습니다. 또한, 베개 맡에는 칼이 기대어 세워져 있습니다.

【그림 1】소년과 동침하는 승려(《續日本繪卷 大成15 春日權現驗記繪 下》)中央公論社

계율은 모든 성교를 금지하고 있습니다. 또한, 살인 무기의 소지도 금지합니다. 하지만 이 그림에서 보건대, 고후쿠지 승려가 파계를 행하고 있었음은 분명합니다. 가스가샤에 봉납된 두루마리 그림의 한 장면으로 공공연히 그려지고 있던 것으로부터 보아도, 중세에는 승려의 파계가 일반화되어 있었다고 말할 수 있겠지요.

그렇다면 호넨, 신란, 니치렌, 도겐, 에이존, 닌쇼라고 하는 가마쿠라 신불교의 기수들도 파계가 일반화한 엔랴쿠지延曆寺나 다이고지醍醐寺 등의 관사에서 동자로 지낸 경험이 있을 것이며, 절의 실태에 의문을 가지고, 이른바 내부 비판으로부터 새로운 운동이 생겨났다고도 말할 수 있습니다. 특히 본문에서 서술하는 바와 같이, 승려의 남색男色의 일반화를 눈앞에 하고 자신의 봉인했던 과거를 응시함으로써 '무계'와 '지계'의 상반된 운동은 일어났다고 할 수 있을지도 모릅니다.

또한 본서에서는 파계의 일반화라는 사실을 파악하면서 일본불교의 역사를 더듬어 계율의 의미를 되돌아보고자 합니다. 종래에는 곧잘 계율이 지켜지지 않았던 사실만이 주목되고 계율의 의의는 경시되어 왔기 때문입니다. 바꾸어 말하자면, 중세의 승려에 주목하여 파계와 지계 사이에서 고뇌하며, 이른바 가마쿠라 신불교를 형성해 갔던 모습을 명확히 도출해내어 보고자 합니다.

　본서에서는 특히 도다이지東大寺 소쇼宗性의 남색을 비롯한 파계에 주목하게 됩니다만, 이는 결코 소쇼 개인을 규탄하기 위해서는 아닙니다. 하나는 중세 승려들의 '신체론'을 분명히 하기 위해서이며, 다른 하나는 에이존과 닌쇼를 비롯한 율승들의 계율 부흥 운동의 배경을 명확히 알기 위해서임을 강조해 둡니다. 본서에서 서술한 바와 같이 관승들의 파계는 소쇼의 일만이 아닌 일반적인 현상으로, 이 때문에 에이존과 닌쇼를 비롯한 율승들의 계율 부흥 운동이 주목받고 존경을 모았다고 생각하고 있습니다.

　또한 호넨, 도겐, 니치렌 등의 가마쿠라 신불교의 조사 모두를 언급하면 논의가 복잡해지므로, 본서에서는 특히 율승과 신란에 주목하고자 합니다.

목차

지은이 인사말 · 5
머리말 · 7

제1장 지계持戒를 지향한 고대 · 20

계율은 왜 필요해졌는가? · 21

천황 중심의 불교 · 21
계율이란 무엇인가 · 23
통과의례로서의 수계受戒 · 24
재가신자의 수계 · 27
출가자의 수계 · 28
참회해도 용서받지 못하는 파계 · 29
여성의 출가 · 31
승려들의 반성회 · 32
일본 최초의 출가자 젠신니善信尼 · 33

기다리던 감진鑑眞의 도래와 국립 계단의 설치 · 35

감진의 도래 · 35
국가적 수계 제도의 수립 · 36
세계 기준에 의거한 일본의 수계 · 40
관승 서열의 시작 · 41
세 개의 국립 계단 · 43

엔랴쿠지 계단의 성립 · 46

사이쵸最澄가 지향한 대승불교 · 46
대승과 소승, 계율의 차이는 · 48
술과 범망계 · 50
엔랴쿠지가 취한 주세酒稅 · 53
원령怨靈과 엔랴쿠지 계단의 성립 · 54
엔친圓珍의 계첩 · 56
희미해져 가는 계단의 차이 · 59

계를 둘러싼 '현상現狀' · 61

국가 공인의 위조 계첩 · 61
비구니와 수계 · 63
승병僧兵이란 · 66
참[眞] 제자의 정체 · 67

제2장 파계와 남색의 중세 · 71

지켜지지 못했던 계 – 소쇼宗性의 경우 · 72

학승 소쇼 · 73
소쇼의 남색과 미륵신앙 · 76
왕생과 성불의 차이 · 79
중세 사원에서 행해진 남색 · 80

승려 사이에 퍼진 남색 · 83

남색 상대로서의 동자 · 83
소쇼의 애동 리키묘마루力命丸 · 87
닌나지仁和寺 가쿠쇼覺性의 애동 센쥬千手 · 90
동자 이외의 남색 상대도 · 92
회화 사료에 보이는 동자 · 93
관승 문화로서의 남색 · 97
동자는 단절해서는 안 된다 · 99
동자 쟁탈전 · 101
닌쇼忍性와 엔켄 수좌 · 103
식사에 관한 파계 · 107
도박과 술을 끊다 · 110
여범女犯 · 115

제3장 파계와 지계 사이에서 · 118

중세 일본에서 일어난 '종교 개혁' · 119

유명무실해진 계 · 119
지츠한實範이 시작한 계율 부흥 · 120
죠케이貞慶의 계율 부흥 · 122

관승에 관하여 · 123

엘리트승 죠케이와 가사기데라笠置寺 · 125

새로운 활동을 위한 이중 출가 · 126

석가 신앙과 지계 · 129

죠케이와 남색 · 131

가이쥬센지海住山寺에서조차 · 133

북경율의 조사 슌죠俊芿 · 134

이론을 담당한 가쿠죠覺盛 · 135

통수通受와 별수別受 · 136

타자他者를 구제하는 승려이기에 · 137

에이존叡尊과 홍법대사 · 139

중세 다이고지醍醐寺의 남색 세계 · 141

자서수계 · 143

사이다이지西大寺에서의 계율 '부흥' · 145

흑의黑衣의 지계승 · 149

에이존 교단의 발전 · 150

신의율종新義律宗 · 152

여성과 성불 · 153

비구니 계단 · 153

홋케지法華寺 비구니 계단의 성립 · 154

비구니들의 수계 · 156

비구니에 대한 정법관정 · 159

계율 부흥을 사람들에게 널리 전하다 · 162

살생금단 · 162

우지宇治의 13충탑 · 166

닌쇼忍性의 사회사업 · 169

에이존 교단의 계율관 · 170

포살을 공유한 중세의 율승 · 173

엔랴쿠지延曆寺 계통의 계율 부흥과 신란親鸞 · 177

고엔興圓·에친惠鎭의 계율 '부흥' · 177

반복되는 파계와 지계 · 179

계율 부흥 운동의 정반대 편에 서 있던 신란 · 181

'무계명자無戒名字 비구'의 시대 · 183

파계와 말법사상 · 185

제4장 근세 이후의 계율 부흥 · 186

국교화한 불교 · 187

초기의 사원 통제 정책 · 188

근세의 지도자 묘닌明忍 · 189

지운온코慈雲飮光의 정법율 · 191

막부幕府 하의 승려 · 194

메이지明治의 승려들 · 196

맺음말 · 198

지은이 후기 · 204

참고 문헌 · 207

미주 · 210

옮긴이 후기 · 216

색인 · 222

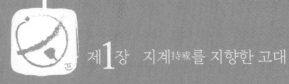

제1장 지계持戒를 지향한 고대

계율은 왜 필요해졌는가?

천황 중심의 불교

일본에 불교가 전해진 것은 538(欽明천황 7)년 무오戊午, 일설에 의하면 552년의 일이라고 합니다. 백제의 성명왕聖明王(?~554)은 신라와 고구려의 압박으로 궁지에 몰리자 원군을 구하는 의미에서 일본에 사신을 보내고, 조정에 불상과 경전 등을 보내왔습니다. 일본 측은 이 불교에서 금색으로 빛나는 불상으로 상징되는 '문명'의 힘을 읽어낸 것 같습니다. 말하자면, 불교를 종교라기보다 '선진 문명'의 하나로 받아들였다고 할 수 있습니다. 이처럼 일본불교는 조선반도로부터 전해졌습니다. 단, 이는 공적인 의미의 전래, 즉 불교의 공전에 불과하며 사적으로는 그 이전부터 조선반도에서 온 귀화인들에 의해 신앙되고 있었다고 생각됩니다.

이 불교 공전 때, 당시의 대표 권력자인 소가蘇我씨와 모노노베物部씨 사이에 불교 수용을 둘러싸고 싸움이 일어났습니다. 즉, 오오미大臣 소가노 이나메蘇我稲目(?~570)는 불교를 수용하고자 하는 숭불파의 대표이며, 오오무라지大連 모노노

베노 오코시物部尾輿(?~?)는 불교의 이입을 거부하는 배불파의 대표였습니다. 결국 숭불파인 소가씨가 이겨 일본에서의 불교 유포가 공식적으로 인정됩니다. 소가씨가 숭불파였던 것은, 조선으로부터의 귀화인을 부하로 두고 개명開明적인 적극책을 취하고 있었기 때문이라고 생각됩니다. 이와 같이 소가씨를 중심으로 불교의 공적인 수용이 시작되고, 특히 소가씨의 우지데라氏寺[1]였던 호코지法興寺(나라奈良현 다카이치高市군 아스카明日香촌)가 중심이 되었습니다. 그런데 645년의 다이카大化 개신改新[2]에 의해 소가씨가 멸망하면서 일본불교의 주재자는 천황임이 선언되고 승려의 통할자統轄者도 마련되기에 이릅니다.

당시, 동아시아의 맹주의 입장에 있던 중국은 불교가 가장 번창했던 당나라 시대에 불교가 황제와 깊은 연관을 맺고 있었습니다. 일본에서도 이를 모델로 삼아 천황이 불교를 주재하게 된 것입니다. 나아가 승려는 관승, 즉 국가공무원으로 자리매김하게 됩니다. 또한 753(天平勝寶 5)년 12월에는 감진鑑眞이 중국으로부터 초빙되어 승려가 지켜야 할 규칙인 계율도 정식으로 수입되었습니다.

계율이란 무엇인가

계율의 '계'는 산스끄리뜨어로 실라^{sīla}라고 하며, 자신을 제어하는 내면적인 도덕 규범을 의미합니다. 한편, '율'은 산스끄리뜨어로 위나야^{vinaya}라고 하여 교단에서 지켜야 할 집단 규칙을 말합니다. 본래 '계'는 어겨도 벌을 받지 않습니다만, '율'은 어기면 죄의 내용에 따라 여러 가지 벌을 받게 되어 있습니다. 이와 같이 계와 율은 본래 별개의 개념이지만, 현재 일본에서는 이들을 일괄하여 '계율'이라 하고, 석가가 정한 승려 집단의 규칙을 의미하는 말로 사용하고 있습니다.

불제자로서 석가의 깨달음의 경지를 얻기 위해서는 계율을 지키는 것이 당연했습니다. 그러나 호지해야 할 계율의 내용은 의거하는 계율서에 따라 다릅니다. 왜냐하면, 석가의 시대에는 수범수제^{隨犯隨制}라 하여 죄를 저지를 때마다 계율이 제정되고, 게다가 그것은 구두로 전해져 활자화되지 않았기 때문입니다. 석가의 사후에 승단이 분열하고 부파를 형성해 갔습니다만, 이에 동반하여 각 부파에 따라 계율이 조금씩 달라집니다. 이 때문에 내용이 다른 계율서가 편찬된 것입니다. 물론 근본은 동일하기 때문에 기본적으로는 같습니다. 이러한 계율서에 《사분율》, 《십송률》, 《마하승기율》, 《오분율》,《근본설일체유부율》,《빨리율》등이 있습니다.

　　또한, 후에(기원 1세기 전후라고 합니다) 수행자 자신의 깨달음만이 아닌 타자의 구제도 지향하는 대승불교가 생겨나면, 대승불교의 계율, 즉 대승계가 탄생합니다. 자신만이 아닌 타자의 구제를 지향하는 대승불교의 수행자를 보살이라고 하기 때문에 대승계는 보살계라고도 불립니다. 일본에서는 이러한 계율 가운데《사분율》의 계율과 5세기에 중국에서 제작되었다고 생각되는《범망경》하권에 설해지는 범망보살계가 중요한 의미를 지녔습니다. 또한 계율이 승려 집단의 규범이었다는 점만이 아닌, 계율 호지를 맹서하는 의례인 수계(受戒, 받은 측으로부터는 受戒, 주는 측으로부터는 授戒)가 승려 집단에서 중요한 입문·통과의례를 구성하고 있었다는 점 역시 중요합니다.

통과의례로서의 수계受戒

　　'수계'란 계율을 받는 것인데, 이는 구체적으로 어떤 의미를 지닐까요? 그것은 '계체戒體를 몸에 지닌다'는 것입니다. 계체란 말하자면 계를 지키게 하는 씨앗으로, 악을 막고 선을 짓게 하는 힘의 원천입니다. 수계에 의해 지악작선止惡作善

의 힘이 몸에 붙게 되어 있습니다. 즉, 수계하면 계체라는 씨앗이 깃들어 죄를 저지르려 할 때 계체가 저지해 주는 것입니다. 계율서에 따라 차이는 있습니다만, 일본에서 주류였던 《사분율》의 250계(비구니는 348계)를 수계하면 평생, 또한《범망경》의 58계를 호지하면 다시 태어나도 영원히 계체가 머문다고 합니다. 단, 그 계율서에서 '포살'이라는 반성회를 하도록 기록하고 있다는 점은 수계해도 악을 억제할 수 없는 경우가 있음을 보여주는 것으로, 반복해서 수계하는 경우도 있었던 것입니다. 이를 중수계重受戒라고 부릅니다. 아주 새로운 것에도 먼지가 붙듯이, 계의 씨앗에도 먼지가 붙기 때문에 이를 제거하고, 또한 그 씨앗의 힘을 늘릴 필요가 있었던 것입니다.

승려가 정식 인원이 되기 위해서는 단계가 있었습니다. 불설을 배울 필요가 있었으며, 삭발이나 법명을 받는 득도得度(출가라고도 한다) 의식도 있습니다. 그 득도 의례의 하나로 제1단계의 수계가 있었습니다. 그리고 성인이 된 후에 구족계具足戒(완전히 갖추어진 계) 수계를 했던 것입니다. 그리하여 정식 인원이 되고, 계체를 획득하고, 수많은 수행을 쌓을 때 깨달음의 길은 열린다고 생각하고 있었습니다. 여러 가지 번뇌를 초월하고 죄를 저지르지 않겠다고 맹서하는 수계는 불교의 대전제였던 것입니다.

의거하는 계율서에 따라 차이는 있습니다만, 여기서는 《사분율》(재가의 5계는《십송률》)에 의거하여 수계를 설명하겠습니다. 조금 번잡하므로 표1도 참조하기 바랍니다.

	출가자		재가자
	정식승려	견습생	
남자	비구(250계)	사미(10계)	우바새(5계)
여자	비구니(348계)	식차마나(6법계)	우바이(5계)
		사미니(10계)	

【표 1】불교 신자의 계층(괄호 안은 호지해야 할 계율)

불교신자는 재가자(일반인 신자)와 출가자로 크게 나눕니다. 재가자는 우바새(남성)·우바이(여성), 출가자는 사미·사미니·식차마나·비구·비구니로 전부 일곱 계층이 있었습니다. 이중 사미(남성)·사미니(여성)·식차마나(여성)는 추승雛僧(비구니도 같다)으로, 이른바 어린 승려였습니다. 비구(남성)·비구니(여성)야말로 정식 출가자인 것입니다. 재가자와 출가자 모두 계율을 호지해야 합니다만, 계율의 내용은 각기 다릅니다.

재가신자의 수계

재가신자는 남성도 여성도 사승師僧 앞에서 부처님과 부처님의 가르침과 승단에 귀의하는 것[三歸]을 맹서한 후에 5계의 호지를 다짐합니다. 즉, 불살생·불투도·불사음·불망어·불음주의 5계입니다. 불살생계는 살아 있는 것을 함부로 죽이지 않는다, 불투도계는 도둑질을 하지 않는다는 계입니다. 또한, 재가자는 결혼하는 것이 일반적이었으므로 불사음계는 부정한 성교, 즉 배우자 이외의 남성과의 성교를 금한 것입니다. 불망어계는 거짓말을 하지 않는 것이며, 불음주계는 술을 마시지 않는다는 계입니다.

재가신자가 불음주계를 지키기란 쉽지 않습니다. 10년 정도 전에 태국 방콕으로 현지조사를 갔을 때의 일입니다. 한여름의 방콕은 40도를 넘는 맹렬한 더위로 찜통 같은 상태였습니다. 그 지방 대학교수들에 의한 환영회가 열렸고, 맥주를 좋아하는 저는 차가운 맥주를 마실 수 있을 거라 기대하고 있었습니다. 그런데 환영회 자리에 놓여 있던 것은 맥주가 아닌 얼음 담긴 빨간 꽃(사라고 한다) 주스였습니다. 한 순간 실망했지만, 건배 후에는 즐거운 대화가 이어졌습니다. 잠시 후, 물어 보았습니다. "맥주는 안 마십니까?" 그들의 대답은 "우리들은 불교도이므로 불음주계를 지켜 술은 마시지 않습니다. 마츠오선생님도 불교도라고 들었기 때문에 주스로 준비했습니다."라는 것이었습니다. 그때 저는 정말 부끄럽게 생각했습니다. 시원치 않은 불교도이기는 해도 불교 연구를 하고 있는 제가 불음주계를 자각하고 있지 않았기 때문입니다. 일본 불교의 특징인 계율 경시의 현상을 절절하게 자각하게 되었습니다. 태국의 경건한 불교도들은 불음주계도 지키며 생활하고 있는 것입니다. 한편, 다른 계율서에 나오는 10선계十善戒 역시 재가신자에게 수계되었습니다만, 여기에는 불음주계는 포함되어 있지 않습니다.

출가자의 수계

출가자가 되고자 하는 남성은, 우선 계율에 정통한 한 명의 계사戒師 앞에서 10계의 호지를 맹서하고 사미라는 추승이 됩니다. 10계란 불살생·불투도·불음·불망어·불음주·불도식향만不塗飾香鬘·불가무관청不歌舞觀聽·불좌고광대상不坐高廣大牀·불식비시식不食非時食·불축금은보不蓄金銀寶입니다. 재가자의 5계에 불도식향만계 이하의 다섯 계가 더해져 있습니다. 또한 불음계의 경우, 재가자와 달리 일체의 성교를 금지합니다. 불도식향만계란 화만을 지니지 않고 향료를 몸에 바르지 않는 계로, 요컨대 화장이나 장신구를 하지 않는다는 것이며, 불가무관청계란 노래도 춤도 하지 않고 그것을 보러 가거나 듣거나 하지도 않는 것입니다. 불좌고광대상계란 높고 폭이 넓은 큰 침대 위에서 자지 않는 것입니다. 인도에서는 벌레 등이 많아 지면으로부터 잠자리를 높게 해서 폭넓은 침대에서 자는 것이 쾌적합니다만, 불교도는 이를 거부하고 있었던 것입니다. 불식비시식계는 비시非時, 즉 정오 이후에 식사를 하지 않는다는 계입니다. 불축금은보계는 금은보물을 받아 지니지 않는 것을 의미합니다.

단, 아직 견습생인 사미는 계를 범해도 벌칙이 정해져 있지 않기 때문에 사주師主³⁾의 판단에 맡겨지게 됩니다. 사미는 20세가 되면 10명의 계사(3사 7증, 十師라고도 한다) 앞에서 250여 개나 되는 계율의 호지를 맹서하고 정식 승려인 비구가 되었습니다. 250계는 완전히 갖추어진 계라는 의미에서 '구족계'(비구니의 348계도 마찬가지임)라고도 합니다.

참회해도 용서받지 못하는 파계

특히 불음·불투도·불살생·불망어, 이 네 계의 파계는 바라이죄波羅夷罪라 불려 참회해도 용서받지 못하고 승단 추방이라는 엄한 형에 처해지게 되어 있었습니다. 먼저 불음계입니다만, 이성은 물론이거니와 동성이나 동물과의 고의의 성교도 금하고 있습니다. 단, 당한 경우에는 고의가 아니므로 범계가 되지 않습니다. 이 불음계는 어떤 승려가 어머니의 청을 못 이겨 출가 전에 결혼생활을 했던 처와 성교한 것에 대한 조치였다고 합니다. 그 후, 동물과 성행위를 하는 자가 나타났기 때문에 이도 금지되었습니다.

불투도계는 도둑질을 금합니다. 불살생계는 비구 스스로 직접 사람을 죽이거나, 혹은 여러 가지 수단을 만들어 죽이거나, 사람을 자살하도록 하기 위해 다른 사람에게 칼을 주거나 자살 방법을 가르치거나 하는 것도 금지합니다. 또한 상대에게 사는 괴로움을 설하고 오히려 죽어 천상계 등의 생활에 들어가는 기쁨을 설하여 죽음에 이르게 하는 것도 금지하고 있습니다. 바라이죄로서의 불망어계는 일반적으로 하는 거짓말을 금지하는 것이 아닙니다. 나는 깨달았다고 호언장담하는 것을 금지하고 있는 것입니다. 정식 승려가 되고자 하는 사미에게 구족계를 주는 장소, 즉 수계 장소는 계장戒場 혹은 계단戒壇이라 불렸습니다.

여성의 출가

여성은 인도에서 차별 받고 있었습니다. 이 때문에 인도에서 발생한 불교에서도 여성은 남성보다 죄가 깊고 욕망으로 가득 찬 존재로 생각되고 있었던 것입니다. 이는 붓다(석가)가 여성의 출가에 대해 적극적이지 않았다는 점으로부터도 알 수 있습니다. 붓다가 고향으로 돌아갔을 때 붓다의 양모인 마하빠자빠띠가 출가를 희망했습니다만, 붓다는 좀처럼 허락하려 하지 않았습니다. 제자인 아난다의 중재로 간신히 허가를 받게 됩니다. 이때 몇 가지 차별적인 조건이 제시되었다고 합니다. 설사 출가한 햇수가 백년이라도 1년이 채안 된 비구에게조차 예배해야 한다거나, 비구를 비난하거나비방해서는 안 된다는 내용의 조건이 8항목이므로 팔경법八敬法이라고 합니다. 이처럼 여성의 출가는 남성과 비교하면어려움이 있으며 호지해야 할 계율의 수도 많은 등 차별이 있었습니다.

출가를 희망하는 여성은 한 명의 계사 앞에서 10계의호지를 맹서하고 사미니라는 추니雛尼가 되었습니다. 사미니는 18세가 되면 남성에게는 없는 6법계의 호지를 맹서하고식차마나가 되고, 그 후 2년 동안은 식차마나로서 수행합니다. 6법계는 불음·불마촉남자不摩觸男子(남자의 몸에 접촉하는 것)·불도오전不盜五錢·불살생·불대망어(나는 깨달았다고 호언장담하는 것)를 하면 추방할 것, 일반적인 망어·비시식·음주를 범하는 자, 그리고 음행 등의 추방형에 해당하는 죄의 미수자는 그때까지의 기간 동안 실행했던 수련을 무효로 하고 다시 2년 동안 수행시킬 것을 정하고 있습니다. 여성에게만 있는 이 2년이라는 기간은 출가 생활에 견딜 수 있는가, 임신하고 있지는 않은가를 확인하기 위해서라고 합니다.

20세(기혼자는 12세 이상)가 되면, 비구니절의 계단에서 10명의 비구니 계사 앞에서 348계의 호지를 맹서하고, 그 후 다시 비구절의 계단에서 10명의 비구 계사 앞에서 348계의 호지를 맹서함으로써 정식 비구니가 되었습니다. 348계 가운데 8계는 특히 바라이죄라 하여, 비구의 4바라이죄에 정욕을 지니고 남자의 몸에 접촉하는 등의 행동이 부가되어 있습니다.

승려들의 반성회

또 주목해야 할 것으로 포살 행사가 있습니다. 이른바 반성회로, 승려들은 한 달에 두 번, 보름마다 신월과 만월의 날에 모여 비구의 비행非行을 금지한 비구계를 낭송하며 과거 보름 동안의 행위를 반성하고 죄가 있는 자는 고백 참회했습니다. 이 포살은 나중에 언급할 가마쿠라시대의 율승의 통합에 있어 큰 의의를 지닙니다.

이상과 같이 불교신자들이 호지해야 할 계율에는 차이가 있었으며, 계층이 변화할 때마다 다른 계를 받았습니다. 즉, 수계의례는 불교신자에게 있어 입문·통과의례의 하나였던 것입니다.

일본 최초의 출가자 젠신니善信尼

이러한 수계의례가 최초로 문제시된 것은 588(崇峻천황元)년의 일이었습니다. 이 해에 이미 출가하고 있던 젠신니善信尼(574~?)는 출가는 계를 근본으로 하므로 백제에 건너가 수계법을 배워오고 싶다고 말했다고 합니다. 젠신니는 도래계渡來系 씨족으로 소가씨의 호코지法興寺 창건이나 대륙 문화의 수용에 적극적인 역할을 했던 시바 타츠토司馬達等의 딸(속명은 시마嶋)이었습니다. 젠신니는 젠조니禪藏尼와 에젠니惠善尼 두 사람과 더불어 584(敏達천황 13)년에 고구려의 환속승인 혜편惠便을 스승으로 11세에 출가했습니다. 그녀들이야말로 일본 최초의 비구니라 불립니다. 젠신니 등은 곧 백제로 건너가 여법한 수계를 받고 2년 후에 귀국했습니다. 그 후 3명의 비구니는 사쿠라이데라桜井寺(나라奈良현 사쿠라이桜井시)에 살았으며, 그녀들 밑에서 오오토모노 사데히코노 무라지大伴狹手彦連의 딸인 젠토쿠善德, 오오토모노 코마이로에히토 시라기히메大伴狛夫人新羅媛, 구다라히메百濟媛 등이 출가했다고 합니다.

　　그러나 연령으로 보아 젠신니가 과연 정식 비구니가 되기 위한 수계를 받았는가는 의문의 여지가 있습니다. 왜냐하면, 젠신니는 귀국했을 560(崇峻천황 3)년에 아직 17세로, 여법한 비구니가 될 수 있는 자격 연령에 도달하지 않았기 때문입니다. 단 앞서 서술한 바와 같이, 기혼자라면 12세 이상의 경우 비구니가 될 수 있다는 규정이 있습니다. 그러나 이 부분도 명확하지 않습니다. 여기서는 일본 최초의 출가승이 여성이라고 생각되고 있는 점, 그리고 《사분율》에 근거한 정식 수계를 위해서는 대륙으로 건너갈 필요가 있었음을 이해해 두고자 합니다.

기다리던 감진鑑眞의 도래와 국립 계단의 설치

감진의 도래

일본의 계율사상 획기적인 최대의 사건은 중국인 승려 감진鑑眞(688~763)에 의한 수계 제도의 수립이라 할 수 있습니다. 감진은 일본에서 파견된 요에이榮叡·후쇼普照 두 사람의 초청에 응해 다섯 번의 도항 실패에도 굴하지 않고, 여섯 번째 도항에 의해 12년째인 753(天平勝寶 5)년 12월에 일본에 와서 계단을 만들고 수계 제도를 창시한 승려로 유명합니다. 고난으로 가득 찬 감진의 일본 방문 이야기는 이노우에 야스시井上靖의 《천평의 죽음天平の甍》에 인상 깊게 묘사되어 있습니다. 감진이 이 힘든 여행과 노쇠로 인해 실명했던 일은 유명합니다.

감진은 양주揚州 강양현江陽縣(현 중국 江蘇省) 출신으로 14세에 출가했습니다. 18세가 된 705년에 남산 율종의 보살계를 받고, 21세인 708년에는 구족계를 받았습니다. 그 후 고승을 역방하며 연찬을 쌓았다고 합니다. 감진은 계율 설하기를 130회, 일체경(일체의 경전을 의미하는 것으로 불교 경전의 총칭. 대장경이라

고 한다)을 서사하기를 3부(3만 3천권), 득도시키거나 계를 준 제
자는 4만 명 남짓이었다고 합니다. 즉, 당시 중국 중부 근처의
율승으로서 감진은 제1인자였던 것입니다. 요에이와 후쇼는
이러한 그의 성망을 듣고 742년, 양주 대명사大明寺에 있는 감
진을 찾아가 그의 제자들에게 계사로서 일본을 방문해 줄 것
을 요청했다고 합니다. 그러나 제자 가운데 나서는 자가 없
었기 때문에 감진 자신이 그 열의에 부응하여 바다를 건널 것
을 결의했다고 합니다.

국가적 수계 제도의 수립

앞서 서술한 바와 같이, 출가자가 정식 승려가 되기 위
해서는 계단이라는 시설에서 유有자격자인 10명의 승려(계사)
로부터 구족계를 받아야 합니다만, 8세기 전반의 일본에는
중국에서도 인정받을 수 있는 정식 계단은 없었으며, 도래승
이 있었다 해도 계율을 줄 자격을 지닌 승려도 부족했습니다.
이 때문에 감진과 같은 계율에 정통한 율승이 절실히 필요했
던 것입니다. 753(天平勝寶 5)년 12월에 일본을 방문한 감진은
다음 해인 754년 2월, 도다이지東大寺 대불전 앞에 계단을 만
들고 쇼무상황聖武上皇, 고묘光明황태후, 고켄孝謙천황 등에게

보살계를 주었습니다. 이미 서술한 바와 같이 보살계는 《사분율》의 율과는 달리, 자신만이 아닌 자타 구제를 지향하는 보살이 수호해야 할 계로 재가자와 출가자 모두에게 공통하는 계입니다. 감진 자신 보살이기 때문에 보살계도 호지하고 있었습니다. 그리고 다음 해 5월 1일에는 이전의 천황이 수계한 단의 흙을 대불전大佛殿의 서쪽으로 옮기고 계단원戒壇院을 만들라는 명령이 내려졌습니다.

도다이지는 728(神龜 5)년, 쇼무천황의 황태자인 모토이오基王의 명복을 빌기 위해 세워진 긴쇼센지金鐘山寺(원래는 현재의 시가滋賀현 고가甲賀군 시가라키信樂촌에 건립)에 유래하며, 745(天平 17)년에 현재의 장소(나라奈良시)로 옮겨졌습니다. 아제쿠라校倉 4)식으로 만든 쇼소인正倉院이나 752(天平勝寶 4)년 4월에 완성된 대불大佛로 유명합니다. 계단원은 현재도 대불전의 서쪽에 있습니다. 계단원은 755(天平勝寶 7)년 9월에 완성되어 10월 13일에는 낙경법요落慶法要가 행해졌습니다. 같은 달 15일에는 도다이지 계단원에서 감진 이하 10명의 계사(3사 7증)에 의해 《사분율》에서 설하는 250계를 수계 희망자에게 주었습니다. 이로부터 일본에서의 정규 수계가 시작됩니다. 수계를 받은 것을 증명하는 증명서는 계첩戒牒이라 불렸습니다.

구카이空海의 계첩(사본)이 전해지고 있으니 살펴보겠

습니다.

元興寺

大德泰信 율사律師, 화상和尙으로 청해 올립니다.

西大寺

大德勝傳 율사, 갈마羯磨로 청해 올립니다.

東大寺

大德安禎 율사, 존증尊證으로 청해 올립니다.

東大寺

大德眞良 율사, 교수敎授로 청해 올립니다.

東大寺

大德安曁 율사, 존증으로 청해 올립니다.

興福寺

大德信命 율사, 존증으로 청해 올립니다.

東大寺

大德藥上 율사, 존증으로 청해 올립니다.

招提寺

大德豊安 율사, 존증으로 청해 올립니다.

招提寺

大德安琳 율사, 존증으로 청해 올립니다.

興福寺

大德靈忠 율사, 존증으로 청해 올립니다.

西大寺

大德平福 율사, 존증으로 청해 올립니다.

사미 구카이가 땅에 머리를 조아리며 대덕 여러분들께 아룁니다. 조심스럽게 생각하옵건대……단, 구카이는 원인을 갖추고, 운이 좋아, 법문을 만날 수 있었습니다.……지금, 엔랴쿠延曆 14년 4월 9일을 기하여 도다이지 계단원에서 구족계를 받았습니다. 엎드려 바라옵건대, 대덕 여러분들이시여, 자비를 가지고 생각하여 [수계를] 허락해 주십시오. 소인 [구카이]이 아뢰어 썼습니다.

延曆 14년 4월 9일 沙彌空海 疏

이 사료는 795(延曆 14)년 4월 9일자 구카이 계첩의 사본입니다. '元興寺 大德泰信律師, 화상으로 청해 올립니다.'라고 되어 있는 바와 같이, 간고지元興寺의 다이신泰信 이하의 11명이 3사 7증을 담당했던 계사입니다. 본래 3사 7증은 10명입니다만, 그 역할을 11명이 담당하는 일도 있었던 것 같습니다.

3사란 수계 책임자인 계화상, 수계의식을 관장하는 갈마사, 사미에게 작법을 가르치는 교수사를 말하는 것으로, 7증은 존증尊證, 즉 입회하여 증명하는 증명사입니다. 대학의 박사학위를 취득할 때의 심사관을 떠올려 보면 알기 쉬울 것입니다. 이 계첩으로부터 구카이가 795년 4월 9일자로 도다이지 계단에서 구족계를 받았을 것이라는 점을 알 수 있습니다. 단, 구카이가 이 날 정말 수계했는지 그 여부는 의문시되고 있습니다만, 여기서는 계첩의 형식만을 확인해 두겠습니다. 이것이 중국 등에서도 인정받은 계첩의 형식으로 일종의 '학위기'와 같은 것이었습니다.

세계 기준에 의거한 일본의 수계

　　그런데 감진에 의한 도다이지 계단에서의 수계 제도의 개시는 몇 가지 중요한 의의를 지니고 있었습니다. 하나는 동아시아 세계와 관련된 의의입니다. 감진은 중국인 승려이며, 감진 및 그와 함께 내조한 승려들에 의해 중국에서도 공인되는 정규 수계가 시작되었다는 점입니다. 당시의 중국은 동아시아 세계의 맹주로 일본에서도 많은 승려가 건너갔습니다. 그 때 계단에서 수계가 이루어지지 않고 있던 일본의 비구들은 사미, 즉 정식 비구가 아닌 추승雛僧 취급을 받았을 것입니다. 이것은 나중에 언급하는 도겐道元의 입송 때 사례로부터 추측 가능합니다. 도다이지 계단에서 이루어진 수계 제도의 창시를 계기로 이후 중국으로 건너간 일본 승려들은 더 이상 사미 취급을 받는 일은 없어졌다고 생각됩니다.

관승 서열의 시작

또 하나의 의의는 일본의 승려 집단 안에 계랍戒臘(혹은 戒次)이라는 새로운 서열 질서의 원리가 성립했다는 점입니다. 계랍이라는 것은 계단에서 수계한 지 몇 년째인가를 의미합니다. 이 계랍은 '연계年戒'라는 말이 있듯이, 연령과 함께 승려 집단 내의 서열 질서의 원리로서 중요한 의미를 지니게 됩니다. 예를 들면, 승려들이 법회에 초대받았을 때 누가 상석에 앉는가 하면, 계랍이 위일 경우 연령이 아래라 해도 상석에 앉았던 것입니다. 즉, 계랍의 원리는 연령의 원리보다 우선시되었으며, 도다이지 계단에서의 수계 제도의 개시는 이런 면에서도 큰 의의를 지녔습니다. 앞서 서술한 바와 같이, 고대의 정규 승려는 천황이 임명권을 쥔 관승官僧이었습니다. 말하자면, 국가 공무원적인 관료승입니다. 이 때문에 도다이지 계단은 국립 계단이며, 이러한 수계 제도의 창설에 의해 관승 집단 내에 새로운 서열 질서의 원리가 성립하게 된 것입니다.

일본을 곧잘 연공年功 서열 사회라고들 합니다. 연령이나 입사 후 햇수가 능력(성과)보다 중시되는 사회입니다. 저는 한낱 대학교수에 불과합니다만, 연구 위주여야 할 대학에서조차 연령이나 대학교수가 되어(혹은 준교수력) 몇 년째인가가 승진 때 크게 고려되고, 업적은 이차적인 것으로 취급되는 것을 종종 경험하고 있습니다. 대학에서 비유하자면, 계랍이란 대학교수가 되어 몇 년째이냐라는 서열에 가까운 것입니다.

다음은 《사석집沙石集》(1283년 성립)에 나오는 '율학자의 학學과 행行이 상위하는 일'의 부분 번역입니다.

당唐 용흥사龍興寺의 감진 화상은 쇼무聖武천황의 치세 하에 내일來日하여, 나라의 도다이지·친제이鎭西(다자이후太宰府)의 간제온지觀世音寺·시모츠케下野(도치기栃木현)의 야쿠시지藥師寺에 세 계단을 세우시고 계율을 널리 알려 규정에 따른 수계를 시작하셨지만, 시간이 경과함에 따라 작법은 황폐해지고 중세부터는 단지 이름뿐인 수계라 하여 여러 지방에서 [계단에] 모여들어 마치 계단을 설치고 다닐 뿐, 대승계와 소승계의 계의 내용도 모르고, 파계했을 때 어떻게 조치하면 좋은지 분별하지도 못하며, 겨우 계랍의 햇수를 헤아리고, 헛되이 공양 받는 승려가 되어버렸으며, 계율을 호지하는 사람도 사라졌다.

13세기 말에 수계 제도가 형해화한 것을 보여주는 대표적인 사료입니다. "대승계·소승계의 내용도 모르고, 계를 범한 자를 어떻게 처리하면 좋은지도 모른다."라고 말하고 있듯이, 승려가 계율을 호지하고 있지 않았음은 분명합니다. 단 여기서 주목하고 싶은 것은, 13세기 말에조차도 계랍은 기능하고 있었다는 점입니다. 설사 '이름뿐'인 수계였다 해도 "겨우 계랍의 햇수를 헤아리고"라고 기술하고 있는 바와 같이, 도다이지 계단 등에서의 수계는 승려 집단의 자리 순서를 정하는 기준, 승려 집단 내의 서열 편성의 원리를 형성하는 계랍을 만들어내는 기능은 다하고 있었던 것입니다.

세 개의 국립 계단

도다이지 외, 761(天平寶字 5)년 정월에는 치쿠젠築前의 간제온지(후쿠오카福岡현 다자이후太宰府)와 시모츠케의 야쿠시지(도치기栃木현)에도 감진에 의해 국립 계단이 수립되었습니다. 각각 규슈九州와 간토關東지방의 사미가 수계했습니다. 다자이후太宰府는 규슈 지방의 행정기관(그 유적이 현재의 다자이후太宰府시에 있다)이 있던 곳으로, 이곳의 간제온지에 계단이 만들어진 것은 쉽게 이해됩니다만, 시모츠케의 야쿠시지(도치기栃木현 시모츠케下野시)에 만들어졌다는 것은 얼핏 보아 기묘합니다. 아마도 8세기 후반의 시모츠케는 국가적 계단이 설치될 정도로 간토關東 지방의 중심이었던 것이겠지요. 이 두 계단에서의 수계도 도다이지와 마찬가지로 《사분율》에 근거하여 이루어졌습니다. 수계 때의 계사는 5명(3사 2증)으로 도다이지 계단에서의 수계(3사 7증)보다 약식이며, 계화상을 도다이지 계단의 10사로부터 선발했다는 점은 주목할 만합니다.

이리하여 세 개의 국가적 계단이 성립했습니다만, 야쿠시지 계단에서의 수계는 3년에 한 번밖에 개최되지 않았으며 11세기에는 더 이상 기능하지 않게 됩니다. 야쿠시지 계단이 쇠퇴하게 된 원인으로는 수계식을 3년에 한 번밖에 개최하지 않았던 점과 더불어, 엔랴쿠지延曆寺의 좌주座主[5]가 된 엔닌圓仁(794~864)이 시모츠케 지역 출신으로 시모츠케 일대의 수계 희망자를 엔랴쿠지에서 수계시키는 일에 성공했던 점을 들 수 있습니다. 또한 엔닌은 도호쿠東北 지방에까지 제자를 보내 천태종을 간토 지방과 도호쿠 지방 일대로 넓힘으로써 엔랴쿠지에서 수계 받는 자는 점점 늘어났습니다.

한편, 도다이지와 간제온지에서의 수계 제도는 매년 개최를 원칙으로 하고, 3·4월과 실시일은 바뀌면서도 중세 내내 기능했다고 생각됩니다. 이상의 원칙은 항례의 수계에 관해서입니다만, 천황가나 후지와라藤原 일족과 같은 고귀한 신분의 사람들을 위한 임시 수계도 실행되고 있었습니다.

엔랴쿠지 계단의 성립

사이쵸最澄가 지향한 대승불교

이러한 세 국립 계단 체제에 이의를 제기한 것은 사이 쵸最澄(767~822)입니다. 사이쵸는 767(神護慶雲 元, 일설에 의하면 766) 년에 오우미近江(시가滋賀현)에서 태어나 12세에 오우미 고쿠분 지國分寺 교효行表의 제자가 되고, 15세에 마찬가지로 고쿠분지 에서 득도했습니다. 785(延曆 4)년에는 도다이지 계단에서 수 계하고, 같은 해에 히에이잔比叡山(현재의 교토京都시와 시가滋賀현 오츠大津시에 걸쳐 있는 산)에 올라 불도 수행에 힘썼습니다. 이것 이 훗날 히에이잔 엔랴쿠지의 기초입니다.

사이쵸는 누구라도 깨달음을 열고 부처가 될 수 있는 소질[佛性]이 있다고 하는 실유불성설悉有佛性說의 입장을 주장 했습니다. 이는 출가수행한 자만이 깨달음에 도달할 수 있다 고 주장하는 법상종 등의 입장을 소승의 입장이라 비판하고, 자신의 입장은 대승(커다란 수레)이라 주장하는 것이었습니다. 앞서 서술한 바와 같이, 불교는 자신의 깨달음만을 지향하는 소승불교와 자신의 깨달음만이 아닌 타자의 구제를 지향하는 대승불교의 둘로 크게 구분됩니다. 단, 최근에는 소승불교라는 호칭은 대승불교 측에서 사용했던 폄칭貶稱이라 하여, 대신 부파불교라는 말이 사용됩니다. 그리고 자신의 깨달음만을 지향하는 승려를 성문승이라 하고, 자신뿐만이 아닌 타자의 구제를 지향하는 승려는 보살승이라 부릅니다. 사이쵸는 엔랴쿠지를 대승불교의 사원으로 자리매김하고 그 곳에 거주하는 승려는 보살승이어야 한다고 생각했습니다.

이러한 입장에서 사이쵸는 818(弘仁 9)년에 본인도 받았던 도다이지에서의 수계를 소승계의 수계라 부정하고, 대승계단(엔랴쿠지延曆寺 계단)의 수립을 주장하게 됩니다. 이는 소승계의 《사분율》이 아닌 대승보살이 지켜야 할 계라고 생각되고 있던 《범망경》 하권에서 설하는 10중 48경계(이하 '58계'라고도 한다)를 정식 출가자가 되려는 자에게 수계하는 것이었습니다. 본래 보살이란 자신의 깨달음만이 아닌 타자의 구제를 위해 불교 수행에 힘쓰는 사람을 일컫는 말로, 승려만이 아닌 재가신자라도 보살이 될 수 있었으므로, 이 계만을 받고 비구로 인정받는 일은 없었던 것입니다. 이 때문에 사이쵸의 구상은 후술하는 바와 같이 고후쿠지나 도다이지 등의 승려들의 반대에 부딪히게 됩니다.

사이쵸는 《범망경》 하권에서 설하는 10중 48경계를 석가를 보살계의 계화상, 문수보살을 갈마사(여기서는 수계의식의 진행 역), 미륵보살을 교수사(사미에게 교수하는 역할), 시방의 부처를 증사證師(증명사), 시방의 보살을 동학등려同學等侶(입회인)로 수계하는 대승의 방식을 주장하며 엔랴쿠지에서 대승계단의 수립을 시도한 것입니다. 석가 이하의 계사는 눈에 보이지 않는 존재이므로 불현전不現前 5사라 하고, 실제적으로는 엔랴쿠지 좌주가 전교사가 되어 수계는 이루어졌습니다. 이 점에 대해서는 사이쵸의 제자인 엔친圓珍이 엔랴쿠지 계단에서 수계했을 때의 계첩을 통해 구체적으로 이해할 수 있을 것입니다. 이 계첩은 나중에 소개하겠습니다. 또한 계사를 매개로 하지 않고 석가 이하의 계사로부터 직접 계를 받는 사이쵸의 수계는 일종의 자서수계自誓受戒였다고 평가할 수 있습니다.

대승과 소승, 계율의 차이는

10중 48경계는 앞서 서술한 《사분율》의 계와 거의 동일한 내용도 있습니다만, 독특한 내용의 계도 있습니다. 예를 들어 불음계는 비슷하기는 합니다만, 차이가 있습니다. 우선, 《사분율》의 불음계를 들어 보겠습니다(이하, 《사분율》, 《범망경》의 인용은 번역문)

만약 비구가 다른 비구와 함께 계에 따른 생활을 하면
서 계를 버리지 않고(승려를 그만두지 않고), 계를 지킬 수
없음을 고백하는 일도 없이, 부정을 행하고, 성교를 행
한다면, 혹은 동물과 성교를 한다면, 이것은 비구의 바
라이죄를 범한 것이 되며 함께 생활할 수 없다.

《사분율》에서 불음계는 앞서 서술한 가장 무거운 바
라이죄의 필두에 위치하고 있습니다. 일체의 성교를 금지하
며, 동물과의 성교[獸姦]도 금지하고 있습니다. "계를 버리지
않고, 계를 지킬 수 없음을 고백하는 일도 없이"라고 하는 바
와 같이, '사계捨戒', 즉 비구를 그만둔다면 성교해도 상관없으
나 '사계'하지 않고 고의로 성교한다면 승단으로부터 추방한
다는 기록은 숨어서 음행하는 승려가 끊이지 않았음을 시사
하고 있습니다. 또한, 동물과의 성교가 인도에는 존재하였던
것입니다.《범망경》의 불음계는 어떠할까요.

너희들 불자여, 스스로 성교하거나, 다른 이에게 가르
쳐 성교하게 하거나, 혹은 일체의 여성과는 새삼 언급
할 필요도 없이 성교해서는 안 된다.……동물의 암컷,
제천·귀신 가운데 여자 및 길을 벗어나(여기서는 근친상간

을 말함) 성교해서는 안 된다. 게다가 보살은 바로 효순
孝順의 마음을 낳고, 일체의 중생을 구제하며, 정법淨法
을 다른 이에게 가르쳐야 하거늘, 도리어 일체의 사람
에게 음욕을 일으키고, 동물 혹은 어머니·딸·자매·육친
을 구별하지 않고 음행을 행하고, 자비의 마음이 없다
면, 이것이 보살의 바라이죄이다.

이들 불음계에서는 자신뿐만이 아닌 타자에게 가르쳐
서 성교시키는 것도 금지하고 있으며, 동물뿐만이 아닌 제천·
귀신 가운데 여자의 유혹에 빠지는 것도 금지하고 있습니다.
근친상간의 금지가 기록되어 있다는 것은 배경에 그러한 사
회 현상이 있었음을 의미하겠지요.《사분율》에서 필두에 위
치했던 불음계가《범망경》에서는 세 번째로 등장합니다. 자
비를 중시하는《범망경》은 제1중계로 불살생계를 들어 생명
을 가장 중요시하고 있는 것입니다. 이에 관해서는 제3장에
서 상세히 보겠습니다.

술과 범망계

다음으로 사이쵸가 주장한 대승의 계율인《범망경》에

서만 볼 수 있는 독자적인 계를 소개합니다.

> 너희들 불자여, 스스로 술을 팔고, 타인에게 가르쳐 술
> 을 팔게 한다면, 고주酤酒의 악인·악연·악법·악업이 있
> 다. 일체의 술을 팔아서는 안 된다…….

이것은 제5중계 '고주'를 금지하는 계입니다. 고주란
술을 판매하는 것입니다만, 불음주계와는 달리 스스로 술을
팔거나, 타인으로 하여금 팔게 하는 것을 금지하고 있습니다.
이 계는 일본사회에 지대한 영향을 미쳤습니다. 호조 도키요
리北条時頼를 수반首班으로 하는 가마쿠라막부는 1252(建長 4)년
9월, 가마쿠라나 여러 지방의 시장에 고주금지령을 발포했습
니다. '고주'의 금지 법률은 이때가 처음입니다. 이 법률은 후
에 1264(文永 元)년 4월, 1284(弘安 7)년 6월(도코쿠東國[6] 여러 지방의
시를 대상으로), 1290(正応 3, 도코쿠 여러 지방의 시인가?)년에도 발포되
고 있습니다. 단, 술의 판매를 금지하는 이러한 법이 발포되
었다는 것과, 이것이 어느 정도 엄수되고 있었는가 하는 것은
별개의 문제입니다. 반복해서 발포되었다는 것은 반대로 잘
지켜지지 않고 있었다는 점을 보여주기 때문입니다. 1264(文永
元)년의 법에 의하면, 가마쿠라에서 소비되는 술이 멀리 츠쿠

시 筑紫(후쿠오카福岡현)로부터 '츠치다루土樽(흙 단지)'라 불리며 운반되고 있습니다. 다시 말해, 그 실효성에 대해서는 크게 의문이 남습니다.

그러나 1252(建長 4)년 9월, 가마쿠라에서는 상당히 엄격하게 시행되었던 것 같습니다. 왜냐하면 《오처경吾妻鏡》에 의하면, 가마쿠라鎌倉 전체를 대상으로 술 판매 금지를 담당자에게 명하고, 민가의 술항아리를 조사하게 하여 자가 소비용 한 단지를 제외하고는 모두 파괴시킬 정도의 기세였기 때문입니다. 술 애호가가 많았던 무사들의 도시인 가마쿠라에서 무엇 때문에 1252년에 술 판매를 금지하는 법률이 처음 발포되고 적어도 엄수하고자 했던가, 얼핏 보아 불가사의합니다. 가마쿠라인에게는 호죠 도키요리의 '덕정德政'이라기보다 악정惡政이라는 원망의 목소리가 높았을 것입니다. 이러한 법을 왜 호죠 도키요리를 수반으로 하는 막부가 발포했는지 명확하게 전하는 사료는 없습니다만, 추측할 수 있는 논거는 있습니다. 결론부터 먼저 말하자면, 고주의 금지는 호죠 도키요리가 란케이 도류蘭溪道隆에게 귀의했기 때문은 아닐까 생각됩니다. 란케이 도류(1213~78)는 송으로부터 내일한 선승으로 1251(建長 3)년에 가마쿠라에 머물고 있었던 듯하며, 1253(建長 5)년 11월에 겐쵸지建長寺가 생기자 호죠 도키요리로부터 그 개산開山[7]으로 초빙됩니다. 도키요리는 1256(康元 元)년 11월 23일에 도류를 계사로 출가한 후, 도스우道崇라는 법명을 내세우며 사이묘지最明寺에 살았습니다. 즉, 예비승려인 사미(이 때문에 반은 재가자의 생활을 하는 것도 묵인되기 쉽다)이기는 하지만, 선승이 된 것입니다. 이로 인해 호죠 도키요리의 도류에 대한 편애는 유별난 것이었다고 생각됩니다.

이 선승들이 의거한 계율이야말로 《범망경》 하권에 설해져 있는 10중 48경계(10개의 중요한 계와 48개의 보조적인 계)입니다. 이 가운데 제5중계에 고주계가 있습니다. 즉, 술 판매를 금지하고 있는 것입니다. 그렇다면, 계율에 엄격했던 도류에게 귀의하여 그 가르침을 받은 호죠 도키요리는 불교도의 이상을 도시민에게도 지키게 하려 했다고 생각됩니다.

엔랴쿠지가 취한 주세酒税

중세에 엔랴쿠지가 교토京都의 술집을 관할 하에 두고 세금을 받고 있었던 것은 잘 알려진 바입니다. 타인에게 술을 팔게 하고 수수료를 받고 있었다고도 볼 수 있는 행위입니다. 술집에서 세금을 받아낼 수 있었던 것은 아마도 술집을 상대로 '엔랴쿠지에 돈 등을 기부하면 '고주'계를 범해도 속죄할 수 있다'고 말했기 때문은 아니었을까요. 기부는 작선의 하나이므로 이에 의해 술의 제조 판매를 용인 받고 있었던 것은 아닐까요.

너희들 불자여, 굳이 육식을 해야겠는가. 일체의 고기를 먹어서는 안 된다.……

이것은 《범망경》 제3경계의 식육을 금지한 규정으로, 불제자이고자 하는 자에게는 일체의 고기를 먹는 것이 금지되고 있었습니다. 이것도 생명을 중시하는 제1중계와 관련됩니다만, 이 육식 금지 규정은 정진요리 내지 생선은 먹고 고기는 먹지 않는다고 하는 일본인의 식습관 형성의 사상적 배경이 되었다고 생각됩니다. 이와 같이 계율은 일반인의 일상적인 식생활에도 영향을 미치고 있었던 것입니다.

원령恕靈과 엔랴쿠지 계단의 성립

이 《범망경》 58계는 승려와 재가자에게 공통된 계이므로 그 호지를 맹서하는 것, 다시 말해, 수계에 의해 정식 승려가 될 수 있는 것은 아니었습니다. 사이쵸가 이를 정식 승려를 위한 수계로 삼으려 했던 것은 불교 교학 상 전대미문이라고도 할 수 있는 획기적인 일이었습니다. 게다가 사이쵸는 조정에 엔랴쿠지 방식의 수계를 기존의 도다이지 계단에서의 수계와 동일한 효력을 갖는 것으로 해달라고 요구했기 때문에, 고후쿠지나 도다이지와 같은 남도계南都系 관승들의 반발을 불러일으켰습니다. 물론 이러한 반발의 배경에는 불교 교리상의 문제가 있을 뿐만 아니라, 관승수계제의 독점을 위협하는 것이기도 했기 때문이겠지요.

결국 사이쵸의 숙원이었던 엔랴쿠지 계단의 수립이 인정된 것은 사이쵸의 사후 7일째에 해당하는 822(弘仁 13)년 6월 11일이었습니다. 이러한 전대미문의 방식의 계단이 조정에 의해 인정받게 된 배경에는 제자 고죠光定 등의 노력이 있었겠지만, 사이쵸 사후 7일째에 인정된 것으로 보아 조정안에 고승 사이쵸가 원령화하는 것을 두려워하는 마음이 있었다고 추측됩니다. 당시에는 사후 49일(특히 첫 7일은 중요) 안에 죽은 자가 가는 장소가 정해진다고 하여, 그 동안의 작선作善이 중시되었습니다. 10세기에 스가와라노 미치자네菅原道真의 원령이 천재지변을 일으켰다고 믿어졌던 일은 유명합니다. 조정에 한을 품고 죽음을 맞이한 자의 원령을 두려워하는 풍조는 사이쵸 때에도 있었습니다.

이러한 사이쵸의 일생일대의 대사업이라고도 할 수 있는 엔랴쿠지에서의 수계는 823(弘仁 14)년 4월 14일에 기신義眞을 전계사로 해서 이치죠시칸인一乘止觀院에서 처음으로 실행되었습니다. 828(天長 5)년에는 항상 수계가 이루어지는 장소인 계단원도 완성되었습니다. 엔랴쿠지 계단에도 도다이지 계단의 수계와 마찬가지로, 수계에는 항례와 임시의 두 종류가 있었습니다. 항례의 수계는 매년 정기적으로 4월 15일 이전에 실행하도록 되어 있었습니다. 또한 천태종의 발전과 더불어 수계자의 숫자도 늘어난 결과 10세기말에는 3일간에 걸쳐 실행하게 됩니다. 나아가 10세기말에는 4월의 봄 수계만이 아닌 가을 수계도 시작되어, 중세에는 연기나 중단은 있어도 4월 8일, 11월 8일을 기일로 하는 봄가을 두 계절의 항례 수계가 성립하고 있었습니다.

엔친圓珍의 계첩

다음은 엔랴쿠지의 계첩입니다. 사이쵸의 제자 엔친이 833(天長 10)년 4월 15일자로 엔랴쿠지 계단에서 수계한 증명서입니다. 도다이지 계첩과는 달리, 석가·문수·미륵이 3사를 맡고, 시방의 일체여래와 보살이 각각 존증사(증인)와 동학등려

(입회인)를 맡고 있습니다. 요컨대 눈에 보이지 않는 '불현전不現前 5사'가 보살계를 주었다는 사실이 표현되고 있습니다. 그리고 실제로는 엔랴쿠지의 총책임자였던 기신이 계사가 되고 속별당俗別當 [8]4명이 입회하고 있었음을 알 수 있습니다.

오우미近江국 히에이잔比叡山 엔랴쿠지延曆寺 보살계단소菩薩戒壇所

청하옵니다. 영산정토로부터

석가여래응정등각釋迦如來應正等覺, 보살계 화상이 되어 주십시오.

청하옵니다. 금색세계로부터

문수사리보살마하살文殊師利菩薩摩訶薩, 보살계 갈마아사리가 되어 주십시오.

청하옵니다. 도사다천覩史多天으로부터

미륵보살마하살彌勒菩薩摩訶薩, 보살계 교수아사리가 되어 주십시오.

청하옵니다. 시방일체세계로부터

일체여래응정등각一切如來應正等覺, 보살계 존증사가 되어 주십시오.

청하옵니다. 시방일체세계로부터

일체보살마하살一切菩薩摩訶薩, 보살계 동학등려가 되어 주십시오.

보살계를 받는 사미 엔친 엎드려 예배드립니다. 성인 여러분들 발밑에⋯⋯. 단, 엔친⋯⋯지금 덴쵸天長 10년 4월 15일을 기하여 히에잔 엔랴쿠지 이치죠시칸인에서 보살대계를 받사오니, 엎드려 바라옵건대, 성인 여러분이시여, 자비로이 구제해주소서. 삼가 경례 인사드리며 씁니다.

833(天長 10)년 4월 15일

보살계를 받는 비구 엔친, 지금 자비로이 구제받아 정계淨戒를 받으니, 받은 법은 마음에 있으며, 복하福河는 흘러내립니다. 엎드려 청하오니, 현재의 전계화상, 다행히 이름을 보여주시니, 오래도록 수계의 표식으로 삼겠습니다.

(이필異筆)

"그 출리의 길은 (바라제)목차를 본질로 하니, 발전시킬 중요한 사항은 실라sīla에 있으며, 이 때문에 보살갈마에 의해 금강보계를 내리니⋯⋯, 4월 15일 현재하는 전계사로 이전의 입당수법자인 히에이잔 천태법화종의 부법付法사문인 전등대법사위 기신義眞이 증명한다."

별당別當[9]

從二位行大納言兼皇太子傳藤原朝臣 '三守' 從六位下
行治部少錄高向朝臣 '高主' 正三位行權中納言藤原朝
臣

諸陵頭從五位上和朝臣 '家主'

※ 곁에 '태정관인太政官印'이 찍혀 있음.

희미해져 가는 계단의 차이

　　당초, 천태종의 승려는 엔랴쿠지 계단에서 수계하고
있었습니다. 그러나 같은 천태종이면서도 온죠지園城寺(미이데
라三井寺)계의 사문파寺門派와 엔랴쿠지계의 산문파山門派 사이
에 싸움이 격화했기 때문에, 12세기 전반에는 온죠지의 사미
는 도다이지 계단에서 수계하는 사태가 발생했으며 중세에
도 그러했던 것입니다. 다른 한편, 도다이지 계단에서는 남도
육종과 진언종의 사미가 수계하기로 되어 있었습니다만, 13
세기 전반에는 진언종의 도지東寺·곤고부지金剛峯寺의 사미가
엔랴쿠지 계단에서 수계하는 사태가 발생했습니다. 이는 도
다이지와 도지·곤고부지 사이에서 일어난 본사·말사 싸움을
배경으로 하고 있습니다. 그 결과 도다이지 계단과 엔랴쿠지

계단과의 차이는 희미해져 가고 중세에는 양자 모두 정식 관승을 배출하는 국립 계단으로 기능하게 됩니다. 즉, 어느 계단에서 수계했는가가 아닌 언제 수계했는가라고 하는 계랍 쪽이 중시되었다고 할 수 있습니다.

중세에 두 계단의 차이가 어떻게 이해되고 있었는지, 다음 14세기 후반의 사료인 1367(貞治 6)년 4월자 '반나지鑁阿寺 10) 제법制法'에서 봅시다.

> 승려가 어떻게 행동할까 하는 면에서는 성문계(《사분율》의 계)를 우선시해야겠지만, 내증內證(내면의 깨달음)의 면에서는 원돈계円頓戒(《범망경》의 계)11)가 가장 심원하며, 반드시 대승·소승을 구별할 필요는 없다. 그 때문에 어느 쪽의 수계이든 수계 전후에 따라 계랍을 정해야 한다.12)

이와 같이 14세기 후반에도 역시 양 계단에서 이루어진 수계 간의 차이는 거의 의식되지 않고 있으며, 앞서 서술한 서열 질서 원리로서의 계랍을 만들어내는 기준으로서만 생각되고 있었던 것입니다.

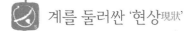
계를 둘러싼 '현상現狀'

국가 공인의 위조 계첩

그러나 동아시아 세계로 눈을 돌려보면, 도다이지 계단에서의 수계와 엔랴쿠지 계단에서의 수계 사이에는 큰 차이가 있었습니다. 도다이지 계단에서의 수계는 중국에서 공인되고 있었지만, 엔랴쿠지 계단에서의 수계는 공인되지 않고 있었다는 점입니다.

다음 문장은 묘젠明全이 1223(貞應 2)년에 도겐道元을 데리고 입송했을 때에 지참했던 도다이지 계단의 계첩 안에 덧붙여져 있던 주기注記(奧付)의 번역문 일부입니다.[13)]

......선사先師 묘젠이 죠오貞應 2년 2월 22일에 겐닌지建仁寺를 나와 대송국으로 향했다. 그 때 나이 40세. 원래 이 사람은 히에이잔 슈료곤인首楞嚴院의 승려였다.......
묘젠공은 원래 천태산 엔랴쿠지 보살계를 받았다. 그러나 송나라 조정은 비구계를 사용하므로 입송을 앞두고 이 구족계첩을 써서 지참한 것이다. 송나라 조정

의 방식은 배우기 어렵다. 우선, 승려는 모두 대승계大
僧戒를 받는다. 단지 보살계만을 받는 승려는 아직 일
찍이 들어본 적이 없다. 먼저 비구계를 받고 나중에 보
살계를 받는 것이다. 보살계를 받고 계랍으로 삼는 것
은 지금껏 일찍이 들어본 적이 없다.…….

묘젠은 엔랴쿠지 계단에서 대승계를 수계하고 있었는
데, 도다이지 계단에서 수계했음을 보여주는 도다이지 계첩
을 위조하여 입송한 것입니다. 이는 중국에서 엔랴쿠지 계단
의 입장이 인정받지 못했다는, 다시 말해 소승 구족계[大僧戒]
수계에 의해 발생하는 계랍은 인정되지만 보살계 수계에 의
해 발생하는 계랍은 인정되지 않았기 때문임을 알 수 있습니
다. 엔랴쿠지가 우세했던 가마쿠라 초기에조차 엔랴쿠지 계
단(과 그곳에서의 수계)은 대외적으로 승인받지 못하고 엔랴쿠지
의 승려는 이른바 위조 계첩을 지니고 중국으로 건너갔음을
엿볼 수 있습니다. 계첩에는 '학위기'적인 역할이 있었으므로
공인된 계첩이 없으면 유학승은 곤란했겠지요. 앞서 언급한
묘젠 계첩의 주기에 의하면, 도다이지 계첩을 위조하는 행위
자체는 전혀 문제되지 않았던 것 같으며, 일본 국내에서 세력
이 있던 엔랴쿠지계 승려에게 위조 도다이지 계첩을 건네는

것은 국가가 공인한 일이었던 것 같습니다.

2005년, 뉴욕에서 알바니아여성과 알게 될 기회가 있었습니다. 그녀는 아메리카 주재 알바니아인과 결혼하여 한 해 전에 미국으로 건너왔습니다. 알바니아에서는 초등학교 교사를 하고 있었지만, 미국에 온 후 취직을 못하고 있다며 한탄했습니다. 그녀는 대졸이지만, 미국에서는 알바니아 학위를 인정해 주지 않는 것입니다. 엔랴쿠지 계단에서 수계 받은 승려들도 중국에서 이와 유사한 경험을 했을 것입니다.

이러한 '위조' 계첩의 하나로 1286(弘安 9)년 11월 8일자 덴간에코天岸慧廣[14]의 계첩도 알려져 있습니다. 요컨대, 도다이지 계단이야말로 13세기말에도 대외적으로 승인된 계단이며, 그 곳에서 받은 수계에 의해 발생한 계랍은 중국의 승려 집단에서도 통용되었던 것입니다. 이와 같은 대외적 계기의 존재는 일본 수계 제도의 존재 방식에도 영향을 주어, 후술할 파계의 일반화에도 불구하고 도다이지 계단의 수계를 존속시키는 한 요인이 되었다고 할 수 있습니다.

비구니와 수계

그런데 일본 최초의 출가자는 비구니이며, 또한 고쿠

분니지國分尼寺[15]라는 비구니 절이 세워진 바와 같이 고대에도 무시할 수 없는 숫자의 관니官尼는 존재하고 있었습니다. 그러나 출가할 때 완전히 삭발하는 일이 드물었다는 점은 주목됩니다. 대부분의 비구니는 완전히 삭발하지 않고 어깨 혹은 등 정도까지 머리카락을 늘어뜨려 자르는 아마소기尼削ぎ라 불리는 상태를 하고 있었습니다. 이 머리 형태는 견습생 여승의 모습으로, 여승의 불안정한 상황을 상징적으로 보여주고 있다고 합니다.[16] 게다가 도다이지 계단·엔랴쿠지 계단이라는 국가적인 계단에서 수계할 수 없었던 점도 주목됩니다. 수계 제도로부터 배제되었기 때문에 불교의 원칙에서 본다면 정규 비구니가 아닌 여승이었던 것입니다.

다음 사료를 보면, 비구니(이 경우는 남도계의 비구니)를 여법한 여승으로 인식하고 있지 않았음을 알 수 있습니다.

> 사미와 사미니는 10계를 받는다. 식차마나는 6계를 배운다. 비구는 250계, 비구니는 500계를 받아 지닌다. 그러나 이곳의 여승은 사미니이다. 비구니가 아니다. 계단에 오른 후에라야 비구니라고 하는 것이다. 이 때문에 단지 10계를 받은 사미니로 존재한다고 할 수 있다.……

이것은 1128^(大治 3)년에 기록된 《보리심집^{菩提心集}》의 번역문 일부입니다.[17] 계단 수계로부터 배제되고 있던 고대의 비구니가 설사 사회적으로는 정식 여승이었다 해도 여법한 비구니로 인식되지 못하고 있었음을 단적으로 보여주고 있습니다. 이리하여 9세기 이후에는 비구니 절이 비구 절로 바뀌고, 중요한 국가적인 제사로부터도 관니는 배제되어 불교계에서 비구니의 역할은 점차 작아져 갑니다.

그러나 고대의 비구니가 여승의 수계 장소로 비구니 계단을 원하지 않았던 것은 아닙니다. 《자각대사전^{慈覺大師傳}》에 의하면, 842^(承和 9)년에 출가한 쥰나^{淳和}태후가 비구니 계단의 수립을 요구하였다는 사실이 전해집니다. 그러나 이때 비구니 계단은 수립되지 않았습니다. 결국 비구니 계단이 만들어진 것은 후지와라노 미치나가^{藤原道長}의 딸인 쇼시^{彰子(上東門院, 법명 淸淨覺)}에 의해서입니다. 쇼시는 39세에 출가했습니다만, 비구니 계단에서의 수계를 원하여 출가 다음 해인 1027^(万壽 4)년에 호죠지^{法成寺(폐사, 현재의 교토시 죠쿄上京구에 있었다)}에 비구니 계단을 완성시켰습니다. 이 호죠지 비구니 계단에서의 수계가 쇼시 이외의 여승에 대해서도 실행되었는지, 언제까지 계속되었는지 등에 관해서는 분명하지 않으며 1058^(天喜 6)년에 소실^{燒失}되었습니다.

《영화榮華 이야기》에서는 이 비구니 계단의 건립을 '세상의 여승이 모두 기뻐했다'고 기록하고 있습니다. 설사 이 문구가 작자의 문장 수식에 불과하다 하더라도, 쇼시처럼 여법한 수계를 구하는 여성이 있었음은 분명합니다. 단, 달리 사료가 없기 때문에 단정할 수 없습니다만, 호죠지의 비구니 계단은 쇼시만을 위한 일시적인 것으로 보이며, 일반 여승이 수계할 수 있는 국립 계단은 만들어지지 않았던 것 같습니다.

승병僧兵이란

도다이지·엔랴쿠지 계단 등에서 수계 제도가 기능하고 있었다는 것이 관승들이 계율을 지키고 있었음을 의미하는 것은 결코 아닙니다. 관승의 숫자가 늘어나면 늘어날수록 계율을 지키지 않는 승려, 즉 파계승은 늘어갔습니다. 무사시보 벤케이[武藏坊弁慶18]의 예를 들 것도 없이, 엔랴쿠지나 고후쿠지에는 승병이 존재했습니다. 승병의 모습을 전하는 한 가지 예만 들겠습니다.

미노美濃국에서 국수國守인 미나모토노 요시츠나源義綱가 장원을 몰수하려던 중에 엔랴쿠지 장원의 승려들이 하향하여 요시츠나에게 저항하자 요시츠나는 조정에 사정을 상소했습니다. 조정은 엔랴쿠지에 사실 여부를 물었습니다만, 모른다는 대답이었기 때문에 요시츠나에게 저항한 자를 추포하도록 명령을 내렸습니다. 요시츠나가 이를 받아 추포하려 했으나 승병이 무기를 가지고 대항해 왔기 때문에 합전이 되어, 엔오우圓應라는 승려를 죽이고 몇 명의 승려를 체포하는 사건이 일어났습니다.

그 후, 엔랴쿠지의 승려는 엔오우를 죽인 요시츠나의 유죄를 요구하는 상소문을 조정에 제출했습니다. 조정에서는 요시츠나는 조정의 명령에 따라 행동한 것이므로 무죄라 하며 엔랴쿠지의 상소문을 각하했습니다.

《中右記》1095(嘉保 2)년 10월조의 부분 번역)

이렇게 승려이면서 무장하고 싸움에 종사하는 승려들이야말로 불살생계를 범하는 파계승의 극치입니다.

참[眞] 제자의 정체

또한, 불음계를 어긴 예로 '참 제자'라는 말을 들 수 있습니다. 참 제자란 참된 제자라는 의미가 아닌 자신의 자식이 제자가 된 승려를 가리킵니다. 이는 승려들이 불음계를 저지르고 있었음을 보여줍니다. 참 제자라는 말은 미나모토노 아키카네源顯兼가 편찬한 불교설화집 《고사담故事談》(1212~15년 성립)의 죠손成尊의 이야기에서 볼 수 있습니다.

> 죠손 승도僧都는 닌가이仁海 승정僧正의 참 제자라고 한다. 어떤 부인이 닌가이 승정과 밀통하여 홀연히 회임하고 남자아이를 낳았다. 모친은 이 아이가 성장하면 닌가이 승정과의 관계가 저절로 드러날 것이라 생각하여 영아에게 수은을 마시게 했다고 한다. 수은을 마시면 설사 살아도 성교는 할 수 없을 것이다. 이로 인해 죠손은 남자도 여자도 평생 범하지 않았던 사람이다.

태어난 아이를 죽이려 했다는 사실로 볼 때, 닌가이(951~1046)가 활동했던 시기에는 여자를 범하는 것이 꺼려지고 있었음을 알 수 있습니다. 또 여기서 한 가지 더 주목되는 점은 "죠손은 남자도 여자도 평생 범하지 않았던 사람"이라는 표현입니다. 이 기술, 특히 '남자도'라는 말로부터 승려 집단 내에서의 남색 관계도 일반적이었음을 알 수 있습니다. 단, 겐신源信은 《왕생요집往生要集》에서 다음과 같이 경고하고 있습니다.

> '중합지옥衆合地獄'이라는 지옥에는 16개의 서로 다른 장소가 있는데, 그 중 하나는 악견소惡見所라고 합니다. 타인의 아이를 취하여 성교를 강요하여 울부짖게 만든 자는 여기 떨어져 괴로움을 받습니다.……또 다른 장소는 다고뇌多苦惱라고 합니다. 이곳은 남자와 성교를 한 남자가 떨어져 괴로움을 받는 지옥입니다.

겐신(942~1017)은 헤이안시대 중기의 천태종 엔랴쿠지 학승으로 대표작 《왕생요집》으로 잘 알려져 있습니다. 《왕생요집》은 수많은 불교 경전이나 논서 등에서 극락왕생에 관한 중요한 문장을 모은 불교서입니다만, 특히 극락왕생하기 위해서는 일심으로 부처를 생각하고 염불행을 하는 외에 달리 방법은 없다고 설하며 정토교의 기초를 다진 책으로 유명합니다. 어떤 죄를 저지른 자가 '중합지옥'에 떨어지는가를 기술하고 있는 인용 부분을 보면, 아이와의 성교나 남색은 지옥에 떨어지는 행위라고 보고 있었음을 알 수 있습니다. 겐신이 남색을 부정하고 경고하지 않으면 안 될 만큼 남색은 문제시되고 있었던 것이겠지요. 앞서 서술한 죠손의 이야기 등을 근거로 판단한다면, 승려의 남색은 11세기경에는 일반적이었다고 생각됩니다.

이러한 상황이 배경에 있어, 중세에는 승려의 남색이 용인되는 방향으로 향하게 됩니다. 다음 장에서는 이러한 승려의 파계, 특히 남색의 실태에 주목해 보겠습니다.

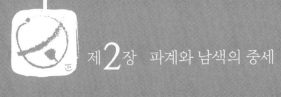

제 2 장 파계와 남색의 중세

지켜지지 못했던 계 – 소쇼宗性의 경우

일반적으로 귀족이나 무사들의 남색에 관해서는 이미 잘 알려져 있습니다. 예를 들면, 근년 다케다 신겐武田信玄[19]이 남색 상대였던 고사카 마사노부高坂昌信에게 보낸 편지가 발견됨으로써 '신겐 너까지도……'라는 놀라움과 함께, 무장武將들 사이에 남색 관계가 널리 퍼져있었음이 인지되고 있습니다.

또한 후지와라노 요리나가藤原頼長(1120~56)의 일기《다이키台記》를 분석한 고미 후미히코五味文彦를 비롯하여, 이 외 여러 연구에 의하면《다이키》에는 요리나가의 남색 관계가 적나라하게 기록되어 있어 귀공자 숫자만 해도 7명이나 되었다고 합니다. 즉 "(미나모토노源) 나리마사成雅 조신朝臣과 통하다."(《타이키》 1150(久安 6)년 8월 15일)라는 식입니다.

후지와라노 요리나가는 12세기 중반에 도바鳥羽법황 밑에서 마음껏 권력을 휘두르다 호겐保元의 난으로 고시라카와後白河천황에게 패하여 사거한 귀족입니다만, 귀족들 사이에 남색 관계의 고리가 형성되어 있었음을 알 수 있습니다. 그렇다면, 승려 집단은 어떠했을까요.

학승 소쇼

　감진에 의해 수계 제도가 수립되고 사이쵸에 의해 엔랴쿠지 국립 계단에서의 수계 제도가 창시되는 과정 등을 거치며 일본에서도 수계 제도는 점차 정착되어 갔습니다. 그러나 그렇다고 해서 개개의 승려, 특히 관승(국가공무원적인 관료승)들이 계율을 엄중하게 지키고 있었던 것은 아닙니다. 그 상황을 도다이지의 승려로 화엄종을 중심으로 불교 연구에 힘썼던, 지금으로 말하자면 도쿄東京대학 총장까지 된 소쇼를 통해서 보고자 합니다.

　소쇼에 관해서는 히라오카 죠카이平岡定海가 《동대사종성상인지연구병사료東大寺宗性上人之研究並史料》 상·중·하(이하, 《宗性史料》라고 약기)에서 상세히 전기 및 사료를 연구하고 있습니다. 그러나 히라오카는 뛰어난 연구자인 동시에 도다이지의 승려였기 때문에 입장이 난처했던지 제가 주목하는 '신체론'에 관해서는 전혀 언급하지 않고 있습니다. 사실 파계하고 있었다 해서 관승들이 불교 연구를 게을리 했던 것은 아닙니다.

　조금 길어집니다만, 관승의 학승다운 면모를 소쇼를 통해 보겠습니다.

소쇼는 1202(建仁 2)년에 태어나 1278(弘安 원)년 6월 8일에 죽었습니다. 아버지는 후지와라노 다카카네藤原隆兼입니다. 다카카네는 가인歌人으로 신고지神護寺의 미나모토노 요리토모源頼朝[20] 등의 상像을 그린 초상화 명수로 알려진 다카노부隆信(1142~1205)의 자식이므로 소쇼는 다카노부의 손자에 해당합니다. 아버지 다카카네는 천황의 비서관인 장인藏人을 지내며 궁정 안을 관리하는 궁내대보宮内大輔가 되었습니다만, 당시로서는 5위 클래스에 해당하는 중급 귀족의 한 사람이었다고 할 수 있습니다.

즉 소쇼는 후지와라씨 출신이었습니다만, 당시에 대를 이을 수 없는 귀족의 차남·삼남이 곧잘 그랬듯이 관사에 들어가 관승(관료승)이 되는 길을 선택하게 되었던 것 같습니다. 그 무렵 관사는 무엇보다 생활이 안정되어 있었고, 또 하나의 '세속' 세계로서 명리(명예와 이익)를 만족시키기에 충분했기 때문이겠지요.

소쇼는 1214(建保 2)년 13세 때 출가하여 도다이지에 들어가 특히 화엄교학의 중심이었던 손쇼인尊勝院에 거주했습니다. 도다이지는 당시 진호국가의 기도를 취지로 하던 대표적인 관사로 관승들이 주로 머물며 화엄종 등의 불교 연구를 하고 있었습니다. 관승들은 고후쿠지의 유이마에維摩會[21], 궁

중궁中의 고사이에御齋會[22], 야쿠시지의 사이쇼에最勝會[23]라고 하는, 천황 주최의 법회에 초대받는 것을 목표로 불교 연구에 힘쓰고 있었던 것입니다. 천황이 주최하는 진호국가의 법회에 초대받는 것을 당시 공청公請이라 하고, 귀족으로부터 개인적인 기도에 초대받는 것은 사청私請이라 했습니다. 젊은 소쇼도 공청에 초대되어 승위·승관(재가자의 관위·관직에 해당한다)이 올라가는 것을 이상으로 삼아 불교 연구에 힘쓰고 있었겠지요.

또한 소쇼는 벤교弁曉를 스승으로 1218(建保 6)년부터는 화엄종 논의를 배웠습니다.《화엄경》을 중시하는 화엄종은 중국의 법장法藏(643~712)이 대성시켰습니다. 1220(承久 2)년 19세 때에는 대법사가 되어 홋쇼지法勝寺(폐사, 현재의 교토시 사쿄左京구 오카자키岡崎에 있었다)의 미하츠코御八講에도 참가했습니다. 이 미하츠코는 천태종의 논의로 소쇼는 천태종 연구도 하고 있었음을 알 수 있습니다.

그 후 미사이에, 유이마에 등의 공청에 불려가게 되어 1241(仁治 2)년 정월 14일에는 40세로 권율사權律師에 임명되었습니다. 1243(寬元 원)년에는 권소승도權少僧都, 1246(寬元 4)년에는 권대승도와 손쇼인의 원주院主, 1249(建長 원)년에는 법인권대승도法印權大僧都, 1253(建長 5)년에는 다이안지大安寺의 별당別

當, 1260(文應 원)년에는 도다이지의 별당, 1269(文永 6)년에는 권승정權僧正으로 승진을 계속해 갔습니다.

그 동안 도다이지의 말사인 가이인지海印寺(폐사, 현재의 교토후京都府 나가오카쿄長岡京시에 있었다)의 부흥 등에도 힘쓰는 한편, 법회에 참가하는데 필요한 교학 연구를 게을리 하지 않고 많은 서적을 집필하여 남기고 있습니다. 그 중 대부분은《유마회표백초維摩會表百抄》처럼 도다이지 관승으로서 공청을 잘하여 출세하기 위해 필요한 지식을 얻기 위해 쓴 것입니다. 그리고 소쇼는 가마쿠라 시대의 도다이지를 대표하는 학승으로서 높은 평가를 받아 왔습니다. 저도 학승으로서의 소쇼는 크게 존경하고 있습니다.

소쇼의 남색과 미륵신앙

여기서는 소쇼의 다른 면을 논해 보겠습니다. 기존의 소쇼 연구에서 언급되어 오지 않았던 사료 가운데《금단악사근수선근서장초禁斷惡事勤修善根誓狀抄》[24]라고 하는, 악사惡事를 금단하고 선근을 기르기 위해 노력할 것을 맹서한 문서를 모은 것이 있습니다. 이것은 소쇼가 1258(正嘉 2)년 9월 9일에 정리한 서문誓文(起請文이라고도 한다)을 집성한 것입니다.

기본적으로는 소쇼가 종종 기록한 '~을 하지 않는다', '~라는 선한 일을 한다'라는 내용의 서원문을 모은 것입니다만, 그 내용은 역설적으로 소쇼 등이 무엇을 하고 있었는지, 무엇을 고민하고 있었는지, 소쇼의 주변에서 무슨 일이 일어나고 있었는지를 보여주고 있어 인간 소쇼와 그 주변의 모습을 적나라하게 알 수 있는 흥미 깊은 사료 군입니다. 특히 소쇼 주변에서 일어나고 있던 신체론적인 측면을 고찰할 수 있는 절호의 사료라고 할 수 있습니다. 그래서 잠시 이에 주목하면서 당시 관승 세계에서 벌어지고 있던 인간관계의 실태에 조명을 맞추어 보겠습니다.

우선 그가 36세였던 1237(嘉禎 3)년 11월 2일자로 맹서한 서약문 5개조의 번역문을 생략하지 않고 제시해 보겠습니다.

5개조 기청起請

1. 41세 이후에는 항상 가사기데라笠置寺에 칩거할 것.

2. 현재까지 95명이다. 남자를 범하는 일 100명 이상은 음욕을 행하지 않을 것.

3. 가메오마루龜王丸 이외, 애동愛童을 만들지 않을 것.

4. 내 방에 상동上童을 두지 않을 것.

5. 상동·중동中童 가운데 염자念者를 만들지 않을 것.

이상 5개조는 미륵을 만날 업인業因을 닦아 도솔천에
왕생을 이루기 위해서이다. 지금 이후 이 금단을 어
겨서는 안 된다. 기청은 이상과 같다.

嘉禎 3년 11월 2일 사문 소쇼(서명)

생년 36

이 서약문은 소쇼가 미륵보살의 정토 도솔천에의 왕
생을 원하며 그 업인을 만들고자 신심을 청정히 하고 내외
결재潔齋를 위해 5개조를 맹서한 것입니다. 소쇼는 8년 전인
1230(寛喜 2)년에 가사기데라笠置寺의 게다츠보 죠케이解脫房貞
慶(1155~1213)의 감화에 의해 미륵신앙에 다가가 1235(嘉禎 원)년
에는 《미륵여래감응초彌勒如來感應抄》를 지었습니다.

미륵불(미륵여래)은 석가 입멸 후 56억 7천만년 후인 미
래에 모습을 나타내는 미래불을 말하는데, 현재는 도솔천에
서 수행하고 있다고 생각되고 있습니다. 도솔천에 왕생하고
자 하는 미륵신앙을 소쇼는 신봉하고 있었습니다. 불교에서
는 많은 부처의 존재를 인정했기 때문에 수많은 불국토가 있
으며 왕생의 땅도 많습니다만, 고대 일본에서 왕생이란 주로
미륵보살의 도솔천에 왕생하는 것을 지향하는 경우와 서방

극락정토에의 왕생을 지향하는 경우의 두 가지를 의미합니다. 그런데 중세로 접어들어 아미타신앙이 크게 유행하자 왕생이라 하면 서방극락정토에 왕생하는 것을 의미하게 되었습니다. 또한 정토진종의 신란은 '왕생=성불'을 주장하게 되었습니다. 정토진종이 다수파가 되었기 때문에 왕생과 성불이 구별하기 어려워졌다고 할 수 있습니다.

왕생과 성불의 차이

왕생과 성불을 같은 것으로 생각하기 쉽습니다만, 실은 본래 다른 것입니다. 성불이란 성불을 지향하는 사람(보살이라고 합니다)이 수행을 거쳐 부처가 되는 것을 의미합니다. 한편, 왕생이란 사후 아미타불의 서방극락정토나 미륵보살의 도솔천 등에 태어나는 것을 의미합니다. 극락정토 등은 성불 수행을 하기 이상적인 곳이므로, 거기서 수행하여 성불을 지향하는 것입니다. 요컨대, 왕생이란 성불하기 위해 수행에 적합한 이상적 환경인 정토 등에 가는 것입니다.

그런데 5개조의 기청문 제1조에서는 41세 이후에는 가사기데라에 칩거한다, 즉 은둔할 것을 맹서하고 있습니다. 당시 36세였으므로 이 기청문을 기록한 5년 후에는 은둔하겠다고 맹서한 것입니다. 그러나 결국 소쇼는 1253(建長 5)년에 다이안지大安寺 별당에 임명되고, 1260(文應 원)년부터 1262(弘長 2)년까지는 도다이지의 별당을 지냈으므로 이 맹서는 지키지 못했던 것 같습니다. 가사기데라에 관해서는 죠케이의 부분에서 다시 언급하겠습니다.

중세 사원에서 행해진 남색

제2조에서는 지금까지 95명과 남색을 해왔지만, 100명 이상은 하지 않겠다고 맹서하고 있습니다. 남색 상대의 숫자가 너무 많아 놀라게 됩니다. 이것은 도대체 무슨 일일까요?

중세의 사원사회, 특히 관백태정대신關白太政大臣 이치죠 카네요시一條兼良의 아들인 고후쿠지興福寺 다이죠인大乘院 진손尋尊(1430~1508) 등 지위가 높은 일부 승려들 사이에서 남색이 일반화하고 있던 점에 대해서는 이와타 준이치岩田準一, 도쿠에 겐세이德江元正, 호소카와 료이치細川涼一 등이 명확히 밝히고 있습니다. 이는 지금까지 주목받아 온 사료가 설화집 등으로 승강僧綱(승려를 통괄하는 상위승려로 재가자의 공경公卿[25]에 해당) 클래스에 속하는 상층 승려의 이야기가 많았기 때문입니다.

하지만 소쇼는 중급 귀족 출신이며, 승강이 된 것은 1241(仁治 2)년 정월 14일 40세에 권율사가 된 것이 최초이며, 도다이지 손쇼인(尊勝院)의 원주가 된 것도 1246(寬元 4)년 12월의 일입니다. 그러나 소쇼가 95명이나 되는 많은 자와 남색 관계를 가졌다고 고백한 것은 그 이전인 1237(嘉禎 3)년의 일이며, 지위는 전등대법사위(傳燈大法師位《宗性史料 中》, p.39)로 36세였습니다. 전등대법사위란 이른바 평승(平僧)의 지위입니다. 소쇼는 뛰어난 학승이었음에도 불구하고 1220(承久 2)년부터 닌지(仁治) 2년에 권율사가 될 때까지 22년 동안이나 대법사였다는 점을 볼 때 중급 귀족 출신이었기에 겪을 수밖에 없었던 그의 비애를 느낄 수 있습니다.

　　그러나 여기서 주목되는 것은 중급 귀족 출신, 중급 클래스의 승려인 소쇼도 36세에 95명이나 되는 자와 남색 관계를 가졌다는 점입니다. 물론 소쇼를 이상성욕자로서 예외로 치부해 버릴 수도 있습니다. 하지만 남색 상대의 숫자에 관해 상한선을 설정하면서도 남색 그 자체에 대해서는 반성하지 않는 점, 또한 그 숫자로부터 판단하는 한 중급의 대법사 클래스의 관승들 사이에서도 남색은 일반적이었다고 생각됩니다. 아마도 남색은 승강 클래스의 상급 승려에게만 허용되었던 행위는 아니었던 것이겠지요. 그렇다면, 중세의 관승 세계에서 남색 관계는 예상보다 훨씬 광범위하게 퍼져있었다고 추측해 볼 수 있습니다. 남색 상대의 숫자도 고후쿠지 진손의 애동이 아이치요마루愛天代丸와 아이만마루愛滿丸, 닌나지仁和寺 가쿠쇼覺性의 애동은 센쥬千手와 미카와參川 등, 기껏해야 2~3명 정도일 거라고 생각했습니다만, 소쇼의 사례로부터 추측해 본다면 상당히 많은 남색 상대를 가진 경우도 있었던 것 같습니다. 이는 아이의 성인 연령이 당시 보통 15세이며, 동자들도 15세가 되면 어른이 되어 남색을 당하는 쪽에서 남색을 하는 쪽으로 성장해갔기 때문일지 모릅니다.

 승려 사이에 퍼진 남색

남색 상대로서의 동자

중세 사원사회에서 승려의 남색 상대는 동자童子라든 가 치아稚兒라 불리는 늘어뜨린 머리를 한 남아가 유명합니 다. 《양로령養老令》의 '승니령'(718(養老 2)년 제정)'에 "무릇 승려란 근친향리近親鄕里에 신심 있는 동자를 골라 함께 하는 것을 허 용한다."라고 되어 있습니다. 이와 같이 동자란 본래 승려를 모시는 미성년자였던 것입니다. 즉, 동자는 부처님께 향화를 바치고 불교를 배우며 식사 시중 등 승려를 돌보는 역할을 하 는 한편, 밤에는 사승의 남색 상대이기도 했다는 점은 이미 잘 알려져 있습니다.

동자는 "긴 머리카락을 묶고, 화장하고, 치아를 까맣게 물들이고[26], 수간水干[27]을 입고 고소데[28]를 걸치고, 마치 여 인으로 가장했지만 여인이 아닌 자. 그것은 남자이면서 동시 에 남자가 아니다. 동자 사이에서밖에 유지될 수 없는 중성적 인"[29] 존재로 설명되어 왔습니다. 이 점과 관련하여, 중세에 는 꼭 아이가 아니라도 성인이 된 후에도 동자의 모습을 하고 승려에게 봉사하는 동자도 있었음에 유의할 필요가 있습니다. 또한 동자설화 등을 분석해 보면, 성스러운 존재로서 동자를 바라보는 측면도 있었던 것 같습니다. 동자들은 보통 때는 사승의 시중을 들며 음식을 차리거나 나르는 등의 식사 시중을 들거나, 춤·피리·거문고 등으로 사승을 기쁘게 하고, 밤에는 같이 자며 남색 상대가 되고, 법회 때는 차려입고 동무童舞를 추고, 피리를 불며, 거문고 등을 연주했습니다.

그 가운데서도 특히 츠치야 메구미土谷惠의 동자 연구는 다이고지醍醐寺의 동자에 주목하여 실증적으로 동자의 모습을 명확히 밝힌 연구입니다. 츠치야의 연구에 의하면, 동자에게는 치아稚兒(공식적인 자리에서는 上童이라 불린다)와 중中동자와 대大동자의 3종이 있으며, 각각 복장이나 역할 등을 달리하였습니다.

이상과 같은 선학의 연구에 의해 동자의 실상은 구체적으로 밝혀져 왔습니다. 그러나 근년에 이루어진 동자 연구의 귀중한 성과인 츠치야의 연구에서조차 "사원의 별당이나 승강 등 한정된 승려의 일상에서만 가능했던 치아와의 남색"[30]이라는 식으로, 남색은 승강 클래스(3위 이상의 승관)의 상급 승려에게만 허용된 행위처럼 이해되어 온 것입니다.

1. 10세 미만의 어린아이는 출입하지 말 것.

위 사료는 1297(永仁 5)년 정월 자 야마토에이큐지大和永久寺(폐사) 금제안禁制案의 일부입니다. 이 사료로부터 10세 미만의 아이는 사원에 들어갈 수 없었음을 알 수 있습니다. 따라서 치아는 10세 이상이었으며, 치아의 연령은 10세부터 15세까지가 일반적이었던 것 같습니다. 단, 죠케이貞慶는 8세에 고후쿠지에 들어갔으므로 이 금제 발포와 아울러 생각해 보면, 그 이전에는 좀 더 이른 연령대에 입사하고 있던 것이겠지요.

닌나지仁和寺 가쿠쇼覺性의 남색 상대 가운데 한 사람이라 추측되고 있는 다이라노 츠네마사平經正도 15세에는 성인이 되고, 그때 가쿠쇼로부터 세이잔靑山이라는 비파 명기를 받아 다이라가문의 명장으로 성장해 갔습니다. 츠네마사는 닌나지에서 가쿠쇼를 기쁘게 하는 동자로 살고 있었던 것입니다. 한편, 츠네마사는 다이라노 기요모리平淸盛의 남동생인 다이라노 츠네모리平經盛의 적자嫡子로 기요모리의 조카였습니다. 당시, 이 다이라노 츠네마사처럼 사원에 동자로 들어가 15세에 성인이 되어 세속 사회로 돌아간 자도 많았던 것 같으며, 사원세계에서 배운 남색이 귀족·무사사회에 퍼져갔을 가능성도 있습니다.

그런데 당시 도다이지에 몇 명의 승려가 있었는지는 분명하지 않습니다만, 대법사인 소쇼의 주위에 동자가 95명이나 있었다고는 생각할 수 없습니다. 대법사가 어느 정도의 동자를 가지고 있었는가에 관해서는 1261(弘長 원)년 2월의 가마쿠라 막부의 법령(추가법追加法)이 참고가 됩니다.

> 승정僧正, 종승從僧 3명, 중동자 2명, 대동자 3명
> 승도僧都, 총승 2명, 중동자 2명, 대동자 4명
> 법인法印은 승도에 준하며,
> 율사는 종승 1명, 중동자 1명, 대동자 1명
> 법안法眼과 법교法橋는 이(율사)에 준하며,
> 범승은 종승 1명, 중동자 1명, 대동자 1명
> 이상, 공식적인 날 대동하는 자에 관해서는 이 법칙을 지켜야 한다.……

이 사료는 의식 등이 있는 공식적인 날에 동반할 수 있는 인원수를 보여주고 있습니다. 이에 의하면, 승강이 아닌 범승은 종승 1명, 중동자 1명, 대동자 1명을 대동하고 행렬을 이루어 나갔음을 알 수 있습니다. 소쇼와 같은 범승이 막부로

부터 공인되고 있던 반승伴僧은 기본적으로 이 3명이었겠지요. 몇 십 명이나 되는 동자가 중급 클래스의 관승을 섬기고 있었다고 생각하기는 어렵습니다. 단, 경제적으로 풍요로운 승려의 경우에는 좀 더 데리고 갔을 가능성이 큽니다. 따라서 소쇼의 남색 상대가 자신을 섬기고 있던 동자뿐이었을 거라고 생각하기는 어렵습니다. 승려 사이에서 동자 쟁탈전이 드물지 않게 발생했던 점에 대해서는 후술하겠습니다만, 다른 승려의 동자와도 관계를 가졌을지 모릅니다.

또한 기청문 제5조에 '상동과 중동과는 남색을 하지 않는다'라고 한 것을 제2조에 비추어 생각해 본다면, 100명을 채우기까지 남은 5명은 동자 이외가 됩니다. 이 때문에 학승이나 다른 승려 사이에서도 남색 관계가 있었다고 생각됩니다. 요컨대, 단지 상급 클래스의 관승과 동자와의 남색만이 일반적이었다고 말할 수는 없을 것 같습니다.

소쇼의 애동 리키묘마루力命丸

제3조는 가메오마루 이외에는 애동을 만들지 않겠다는 맹서입니다. 당시 가메오마루는 소쇼가 가장 아낀 동자였던 것이겠지요. 그러나 다음과 같은 사료가 남아 있어 훗날

리키묘마루라는 애동을 가졌다는 사실을 알 수 있습니다.

요 몇 년간 함께 살던 리키묘마루가 지난 4일 술시戌時
(오후 7시부터 9시)경에 고후쿠지 근처의 숲속 작은 오솔
길 근처에서 아무 죄도 없이 살해되어 버렸습니다. 너
무나도 큰 비탄에 할 말을 잃었습니다. 5일 묘시卯時(오
전 5시부터 7시)에 도다이지 한냐般若산에서 화장했습니
다. 6일 아침에 뼈를 주웠습니다. 나라奈良에서는 이런
저런 일로 바쁘기도 하고, 식예蝕穢(불결한 것에 접촉하는
것)도 두려워 9일 새벽에 가사기데라를 찾아와 이 성스
러운 곳에서 추모 불사를 했습니다. 그리고 50일 동안
정중하게 삼시공양을 하고 7일마다 미륵당에서 추모
불사를 하기로 했습니다만, 그 동안 연모의 마음을 한
시도 잊을 수 없었습니다.…….

위 사료는 소쇼가 남긴 1275(建治 원)년 8월 22일자 〈지
지론지시초地持論指示抄〉 간기의 번역문입니다. (《宗性史料》下,
p.154)

지난 8월 4일 해시亥時(오후 9시부터 11시)에 수년 동안 동

숙했던 아동 리키묘마루가 아무 죄도 없이 고후쿠지 근처의 숲속 작은 오솔길 주변에서 살해당했습니다. 비탄의 눈물이 소매를 적시고 연모의 정이 사무친 나머지 지난 8월 9일 본사(도다이지)를 나와 이 산(가사기데라)으로 들어왔습니다. 백 일째 되는 날 추모 공양을 했습니다. 저녁이 되어 조금 여유가 생겼기 때문에 그 공이 끝나지 않은 것을 슬퍼하여 울면서 기록하고 있습니다.…….

위 사료는 소쇼가 1275(建治 원)년 11월 16일자로《화엄종조사전華嚴宗祖師傳 권상》의 간기에 써 붙인 것에 대한 번역문입니다. 《宗性史料》下, p.155)

소쇼는 리키묘마루의 백 일째 추모 공양으로《화엄종조사전》을 서사하려 했습니다만, 아쉽게도 백 일째 끝내지 못한 것을 눈물 적시며 기록하고 있습니다.

이상의 사료로부터 알 수 있는 바와 같이, 소쇼는 겐지 建治 원년 8월 9일 나라 도다이지를 떠나 가사기데라 한냐인般若院에 칩거했습니다. 그리고 리키묘마루의 추모 공양을 위해 〈지지론지시초〉,《화엄종조사전》, 〈화엄탐현기향훈초華嚴探玄記香薰抄〉, 〈화엄종향훈초華嚴宗香薰抄〉 등을 이어 기록하고,

또한 리키마루묘의 추모 공양 불사를 한 것입니다.

'수년 동안 동숙해 온 아동'이라는 표현을 보아도, 또한 사료로부터 엿볼 수 있는 연모하는 감정의 강렬함을 보아도, 겐지建治 원년 소쇼 74세경에 리키묘마루라는 애동이 존재하고 있었다는 점은 분명할 것입니다.

닌나지仁和寺 가쿠쇼覺性의 애동 센쥬千手

닌나지 가쿠쇼(1129~69)의 애동인 미카와參川와 센쥬의 이야기도 소개해 두겠습니다. 가쿠쇼는 헤이안 후기의 황족 출신 승려로 속명은 모토히토 신노우本仁親王라고 합니다. 아버지는 도바鳥羽천황, 어머니는 후지와라노 기미자네藤原公実의 딸인 다이켄몬인待賢門院 후지와라노 쇼시藤原璋子입니다. 닌나지의 제5대 문적門跡이 되어 시콘다이지 미무로紫金台寺御室·이즈미도노 미무로泉殿御室라고도 불렸습니다. 수법修法의 평판이 좋아 천황의 명을 받고 공작경법孔雀經法이나 존승법尊勝法을 24회나 닦았습니다. 기도의 명수였던 것입니다. 가인으로도 뛰어나 가집歌集으로 《출관집出觀集》이 있으며,《천재화가집千載和歌集》에도 입수入首[31]하고 있습니다. 이런 엘리트승입니다만, 남색사에도 이름을 올려 가쿠쇼의 2명의 애동

미카와와 센쥬 이야기는 《고금저문집古今著聞集》 권8 '호색好
色' 323화에 채록되어 있습니다. 그 이야기를 의역해 보면 다
음과 같습니다.

넌나지 가쿠쇼에게는 센쥬라는 애동이 있었습니다. 미
남에다 성격도 온화했습니다. 피리를 불고 이마요今樣
[32] 등을 불렀기 때문에 크게 총애 받았다고 합니다. 거
기에 미카와라는 동자가 처음 왔습니다. 거문고를 뜯
고 노래도 훌륭하게 지어냈습니다. 가쿠쇼는 센쥬보다
미카와를 총애하였고 센쥬는 면목이 없어 퇴출한 후
방에 틀어박혀 불러도 응하지 않게 됩니다. 그런데 어
느 날 주연酒宴에서 두세 번 호출이 있자 센쥬는 할 수
없이 응했습니다. 가쿠쇼 앞에서 화려하게 차려입고
수심에 가득 찬 목소리로 '버림당했으니 어찌하면 좋
을까요'라는 등의 노래를 불렀습니다. 그러자 가쿠쇼
는 가엾이 여겨 센쥬를 데리고 침소로 들어갔습니다.
다음 날 아침 이번에는 미카와가 가쿠쇼의 마음이 옮
겨간 것을 견디지 못하고 행방을 감추어 버렸습니다.
미카와는 고야산에 올라가 출가했다고 합니다.

요컨대 닌나지 가쿠쇼가 처음에는 센쥬를 총애하고 있다가 새롭게 미카와에게 마음이 옮겨갔으나, 다시 센쥬와 사이가 좋아져 동침했기 때문에 이번에는 미카와가 달아나 버렸다는 이야기입니다. 이 이야기는 애동을 둘러싼 가쿠쇼의 변덕이 주제입니다만, 이런 일은 관승 사이에서 종종 일어난 문제였을지도 모릅니다.

동자 이외의 남색 상대도

소쇼의 기청문으로 돌아갑시다. 제4조에 의하면, 자신의 방에 상동을 두지 않겠다고 맹서하고 있습니다. 지금까지는 자신의 방에 상동을 두고 동침하고 있었지만 이후로는 금욕하겠다는 맹서일까요. 혹은 제3조를 강조한 것으로, 가메오마루 이외의 상동과는 동침하지 않겠다는 의미일까요.

제5조를 보면, 상동과 중동 중에서는 남색 상대를 택하지 않겠다고 맹서하고 있습니다. 이로부터 당시 소쇼의 남색 상대는 상동뿐만 아니라 중동자도 포함한 동자들이었음을 알 수 있습니다. 이 맹서는 제3조와 더불어 생각하면 가메오마루 이외의 상동과는 남색을 하지 않겠다는 결의로 이해할 수도 있습니다만, 앞서 서술한 바와 같이 동자 이외의 승

려와의 남색을 금지하지 않았을 가능성을 제2조로부터 엿볼 수 있습니다.

　　앞서 소개한 츠치야의 다이고지醍醐寺에 주목한 연구를 좀 더 보겠습니다. 동자들에게도 서열이 있어 높은 쪽부터 상·중·대동자의 순서였습니다. 상동은 동자 중 서열 1위로 총애 받았지만, 하는 역할은 중동자와 다를 바 없이 식사 시중을 들고, 외출할 때 동행하며, 당시 유행하던 춤을 추고, 피리를 불고 거문고를 연주하며, 남색 상대까지 하고 있었습니다. 그러나 복장 등에는 차이가 있어 한눈에 중동자와 구별할 수 있었습니다. 또한 상동자는 세이가케清華家[33]로부터 6위 계급 출신의 아동이 선발되었습니다. 한편 중동자는 명확하지 않습니다만, 상동자보다 하층 계급 출신이었을 것으로 생각되고 있습니다. 대동자는 사토자이케里在家(백성 계급) 출신으로서 관승이 되는 길은 없으며 늙어도 동자의 모습이었습니다.

회화 사료에 보이는 동자

　　여기서 회화 사료를 사용하여 상동과 중동자 등의 차이를 보겠습니다. 이때 '머리말'에서도 소개했던 《가스가곤겐겐키에春日權現驗記繪》가 크게 참고가 됩니다.

《가스가곤겐겐키에》는 후지와라藤原 일족의 사이온지
西園寺 긴히라公衡가 일족의 협력을 얻어 제작하게 한 것으로,
1309(延慶 2)년 3월에 나라 가스가샤春日社에 보시된 20권이나
되는 대작입니다. 작성 동기는 "자신은 후지와라씨의 후손으
로 평소부터 가스가 대명신大明神의 가호를 기원하고 있는 자
인데, 나아가 이후에도 많은 사람이 신앙하여 그 가호를 받을
수 있도록 이 그림 두루마리를 작성할 것을 생각했다."라고
합니다.[34] 이 그림 두루마리는 가스가명신을 수호신으로 하
는 고후쿠지 승려의 실태를 아는데도 크게 참고가 됩니다.

【그림 2】 식사 때의 치아와 중동자(《續日本繪卷大成15 春日權現驗記繪
下》, 中央公論社)

그림 2는 《가스가곤겐켄키에》권15 제5단입니다.
이 장면은 지츠손實尊이라는 승려가 고후쿠지 별당이었던

1226(嘉祿 2)년부터 1228(安貞 2)년까지의 이야기입니다. 그 설명문에는 학승이었던 호우센보우法泉房와 그의 제자 및 치아들이, 경리를 담당하던 기이노 사주가 숨기고 있던 쌀을 가스가신의 가호로 얻을 수 있었다는 이야기가 있습니다. 그림을 봅시다.

그림 2에서 밥상을 앞에 두고 있는 긴 머리의 여성처럼 보이는 것이 치아(여기서는 상동)이며, 한편 툇마루에서 식사 시중을 담당하고 있는 늘어뜨린 머리가 중동자라고 생각됩니다. 치아는 통소매의 평상복을 입고 길게 늘어뜨린 머리를 하고 있는데, 중동자는 히타타래直垂35)를 입고 머리를 묶은 위치도 다르게 그려져 있습니다.36)

다음 그림 3은《가스가곤겐겐키에》권11 제1단입니다.

이 단의 설명문에는 법상종 학승이었던 에교慧曉가 사거하여 염마왕궁에 갔지만, 법화경 독송의 공으로 다시 살아왔다고 적혀 있습니다. 이 그림은 에교가 자리에 누워 있는 장면입니다. 에교 옆에서 간병(걱정)하고 있는 통소매 평상복 차림에 늘어뜨린 머리를 하고 있는 사람이 치아이며, 마주보아 왼쪽 툇마루에서 덧문을 위아래로 조절하고 있는 늘어뜨린 머리의 동자는 노란색 바탕에 검은 모양의 히타타래를 입고 있기 때문에 중동자라고 생각됩니다.

【그림 3】 치아와 구분해서 그려진 중동자와 대동자 (《續日本繪卷大成14 春日權現驗記繪 上》, 中央公論社)

또한 이 중동자와 이야기를 나누고 있는, 빗자루를 손에 쥐고 선 히타타래 복장의 늘어뜨린 머리의 노인은 대동자라고 생각됩니다. 이와 같이 치아(상동자)와 중동자와 대동자는 회화에서도 구분되어 그려지고 있습니다.

관승들의 세계에서 남색이 일반화하고 그 주된 상대가 동자라 불리는 치아였다는 사실을 이해한 후, '머리말'에서 본 《가스가곤겐겐키에》의 그림 1을 다시 보겠습니다. 기존에는 기이노 사주가 여성과 동침하고 있는 것으로 생각되어 왔습니다. 그러나 그 상대야말로 남자이면서 여자의 모습을 하고 밤에는 남색 상대를 한 동자였다고 생각됩니다. 또한 이 그림 두루마리가 고후쿠지 승려 자신이 관여하여 작성되었으며, 이와 같은 동자와의 동침 장면도 거리낌 없이 그려 가스가샤에 보시했다는 사실을 보아도 관승 집단 안에서 남색이 매우 당연하게 이루어지고 있었음은 분명합니다.

관승 문화로서의 남색

기존에는 승려 집단의 신체적인 문제, 특히 하반신의 문제는 여범女犯도 포함하여 은밀하고도 부끄러워해야 할 일로 생각되어 정면에서 논의되지 않았던 감이 있습니다. 그러나 승려의 남색은 승려 집단의 인간관계를 고찰하는데 있어서도 중요한 문제이므로 정식으로 다룰 필요가 있다고 생각합니다.

앞서 언급한 바와 같이, 고미 후미히코는 후지와라노 요리나가藤原頼長의 《다이키台記》(12세기의 일기)를 분석한 후 원정기院政期의 정치사를 이해하는 열쇠로서 귀족 집단의 남색 관계에 주목해야 할 필요성을 지적했습니다. 이는 승려 집단에 대해서도 말할 수 있다고 생각됩니다.

소쇼는 도다이지 별당에까지 오른, 이른바 관승의 정점에 선 승려입니다만, 95명이나 되는 남색 경험을 가진 것은 36세인 대법사의 무렵으로 결코 고위에 있을 때의 이야기라고는 할 수 없으며, 출신도 중급 귀족이었습니다. 게다가 그 숫자로 볼 때 상동·중동자라는 동자만을 상대로 삼았다기보다, 다른 학승, 적어도 직제자는 모두 상대가 되었다고 추측됩니다. 고후쿠지의 지츠손에게 아이치요마루와 아이만마루의 두 명의 애동이 있었다는 것에 대해서는 이미 언급했습니다만, 소쇼의 예로부터 추측컨대 동자만이 아닌 지츠손의 직제자들도 남색 상대였을지 모릅니다. 남색 체험을 가진 소쇼가 원주가 된 손쇼인, 별당이 된 다이안지大安寺와 도다이지에서 남색은 이미 금지하고 싶어도 금지할 수 없는 상태였다고 추측됩니다.

　기청문 제2조를 다시 보면, 소쇼는 남색 상대의 숫자에 관해서는 100이라는 상한을 맹서하지만 남색 자체는 금단하지 않고 있습니다. 이 점은 크게 주목됩니다. 지금까지 95명과 남색 관계를 가졌으나 앞으로는 일체 남색을 하지 않겠다는 맹서는 하지 않고 있습니다. 자신의 약함을 간파한 인간 소쇼의 심정을 느낄 수 있는 구절입니다. 그리고 당시 남색은 전혀 부끄러워 할 일이 아니었음을 엿볼 수 있습니다.

　소쇼 외의 기청문도 앞으로 보겠습니다만, 음주 등은 완전히 금하고자 노력하고 있지만 남색은 그렇지 않습니다. 여범을 억누르지 못해 '무계'를 선언한 신란과는 달리, 본래 승려 집단에서 가장 중대한 죄인 불음계를 저지르고 있음에도 불구하고 도다이지의 관승에 머물고 있던 소쇼의 예는 남색이 당시의 관승 '문화'였음을 보여주고 있다고 할 수는 없을까요. 요컨대, 남색은 일찍이 기혼여성이 치아를 검은 색으로 물들였던 것과 같은, 관승 집단의 일종의 '문화'였다고 생각됩니다. 그렇다면, 관승 집단 내의 인간관계를 이해하기 위해 남색 관계를 정면에 두고 조명해 볼 필요가 있을 것입니다.

동자는 단절해서는 안 된다

소쇼에 주목하여 지금까지 논한 남색의 세계는 도다이지, 고후쿠지, 닌나지라는 천태계 이외의 관승의 경우입니다. 그리고 천태종 엔랴쿠지계의 관승들도 마찬가지였음은 호소카와 료이치細川涼一 등에 의해 이미 밝혀진 바입니다. 사료에 근거해서 좀 더 보겠습니다.

산인山陰지방, 현재의 시마네島根현 이즈모出雲시에 소재하는 천태종 명찰 가쿠엔지鰐淵寺(엔랴쿠지의 말사)에서는 1355(正平 10)년 3월에 남북조 동란의 화합을 위해 승려 간에 금제를 정하고 있습니다. 요컨대, 여러 절이 각각 남조南朝와 북조北朝로 나뉘어 그 이전 이상으로 동자 쟁탈전이 일어났던 것 같습니다. 이 때문에 화합을 위해서는 동자를 절 안에 데리고 있어서는 안 된다는 의견도 있었습니다만, 결국 다음과 같이 결의되었습니다.

1. 아동은 단절해서는 안 된다.

아동은 법등法燈을 잇는 종자이며 쓸쓸함을 위로해 주는 중개인이다(즉, 겨울의 추위나 노후의 허전함을 위로해 주는 상대이다). 남자와 여자의 애정 관계는 아니다. 무리해서 혈穴(항문)을 함께 하는 친한 관계가 아니라면(즉, 남색을 하지 않으면), 염리厭離할 것 없다(욕망이 쌓여 깨달음을 얻을 수도 없다). 도움이 되는 것이다. 그 때문에 모든 원院과 모든 방房, 각각 지속해온 정해진 일이므로 충분히 궁리해야 한다. (《中世法制史料集 6》 주석 필자)

요컨대, 아동을 절 안에 데리고 있어야 한다는 결론이 내려진 것입니다. 소쇼의 사례를 참고해서 생각한다면, '쓸쓸함을 위로해 준다'든가 '혈을 함께 하는 친한'이라는 표현을 보아도 알 수 있듯이, 승려가 아동과 동침하며 서로 위로하는 남색 관계에 있었음은 이제 더 이상 의심할 여지없는 사실이겠지요. 즉, 14세기 중반의 천태종 사원에서도 아동은 남색 상대였으며, 그 존재는 모든 원이나 방에서 허용되고 있었던 것입니다.

동자 쟁탈전

그런데 동자 쟁탈전은 희귀한 일은 아니었던 것 같습니다. 다음 장에서도 가이쥬센지海住山寺의 예를 들겠습니다만, 여기서는 신란의 증손자 가쿠뇨覺如(1270~1351)의 이야기를 들어 보겠습니다.

가쿠뇨는 어릴 때부터 학문적 재능이 뛰어나고 용모 단정했던 것 같습니다. 13세에 엔랴쿠지의 학승 소쵸우宗澄 밑으로 입실했습니다만, 14세 때에 미이데라三井寺의 쵸친淨珍이 승병을 보내 무력으로 소쵸우에게서 가쿠뇨를 빼앗았다고 합니다. 그 이유는 '아름다운 몸'(용모단정)이었기 때문이라고 합니다. 그런데 고후쿠지 이치죠인一乘院의 신쇼信昭가 쵸친으로부터 가쿠뇨를 빼앗으려 했던 것 같습니다. 그러나 이루지 못하자 부친인 가쿠에覺惠에게 부탁하여 결국 가쿠뇨를 고후쿠지로 이주시켰다고 합니다. 《最須敬重繪詞》 이 역시 천태계 외의 승려의 남색을 보여주는 예라고 할 수 있겠지요.

쓸쓸히 홀로 자는 잠자리에서는 항상 한 아이가 아닌,
그 치아가 그립구나.

이 노래는 《칠십일번직인가합七十一番職人歌合》(성립은 센
코쿠戰國시대 초기라고 생각되는데, 일설에 의하면 1,500(明應 9)년 성립이라
고도 한다)의 68번 왼쪽에 있는 산법사山法師의 노래입니다. 산
법사란 히에이잔 엔랴쿠지의 승려를 말합니다. 이 노래는 "쓸
쓸히 홀로 자는 잠자리에서는 항상 한 아이[十禪師神37)]가 아
닌, 그 치아가 그립다."는 정도의 의미입니다. 한 아이라는 것
은 십선사신十禪師神의 화신을 말합니다. 엔랴쿠지에서는 치
아를 십선사신의 화신이라 하여 성스러운 존재로 자리매김
하고, 이를 절 안에서 공인하고 있었습니다. 왜냐하면, 중세
의 히에이잔에서는 사이쵸가 히에이잔比叡山에 올랐을 때 가
장 먼저 십선사신(엔랴쿠지의 수호신)의 화신인 영동靈童을 만나
고, 그 다음으로 히에산노우日吉山王, 즉 대궁권현大宮權現을 만
났다는 전승이 전해지고 있어 십선사신과 히에산노우를 '일
아이산왕一兒二山王'으로 자리매김하고 있었기 때문입니다.

앞서 언급한 노래로 돌아가 보면, 이 노래는 치아와 동
침하지 못하고 홀로 자는 쓸쓸함을 표현한 것으로 생각되며,
이 또한 엔랴쿠지 승려에 의한 동자와의 남색을 표현한 것이

라고 할 수 있습니다. 이미 남색이 중세 관승들의 '문화'였음은 의심할 여지가 없을 것입니다.

닌쇼忍性와 엔켄 수좌

지금까지 가마쿠라 시대 승려의 남색에 관해, 그 중에서도 특히 소쇼에 관해 다루어 보았습니다. 그러나 이러한 남색에 의한 파계는 이 시대에만 있었던 일은 아닙니다. 다음에 인용하는 것은 교토 다이토쿠지大德寺의 선승인 교쿠슈소우반玉舟宗璠이 1640년대에 가마쿠라를 방문한 후 써서 남긴《옥주화상겸창기玉舟和尚鎌倉記》의 일부 번역문입니다.

가마쿠라 고쿠라쿠지極樂寺 불전 뒤에는 좌우로 두 개의 목상이 있었습니다. 오른쪽은 야마토大和 사이다이지西大寺 상인上人의 상이며, 왼쪽은 본 절의 개산인 료우칸良觀 상인입니다. 료우칸에게는 나병 상처의 흔적이 있었습니다. 겐쵸建長 대각大覺의 사제인 켄 수좌는 대각이 동녀를 부르는 것을 도키무네時宗에게 고자질했습니다.……엔켄 수좌는 이와 같은 나쁜 일을 저질렀기 때문에 결국 나병환자가 되었습니다. 고쿠라쿠지 근처에는 예로부터 나병환자가 있는 곳이 있었습니다. 엔켄도 절에 머무를 수 없었기 때문에 이곳에 온 것입니다. 이 엔켄은 젊을 때 매우 아름다운 승려였습니다. 료우칸 상인은 애련愛憐의 정이 깊었습니다. 그래서 나병환자가 된 후에도 연민을 버리지 못하여 그 병을 꺼리지 않고 함께 자고 먹고 그 상처를 핥아주거나 손으로 어루만져 주었습니다. 이 때문에 료우칸도 병이 옮아 결국 나병환자가 된 것입니다.…….

교쿠슈玉舟는 방문했던 장소들에 대한 인상뿐만 아니라, 각 곳에 얽힌 일화 등도《겸창기鎌倉記》에 기록하고 있습니다. 이 부분에서는 닌쇼忍性의 일화를 싣고 있습니다.

인용 부분에 의하면, 교쿠슈가 고쿠라쿠지를 방문했을 때에 불전 뒤에 모셔진 두 체의 목상에 예배했는데 오른쪽에는 나라 사이다이지의 에이존叡尊(1201~90)의 상이 있었으며, 왼쪽에는 고쿠라쿠지의 개산인 료우칸보 닌쇼良觀房忍性(1217~1303)의 상이 있었습니다. 에이존과 닌쇼에 관해서는 나중에 언급하겠지만, 고쿠라쿠지를 부흥시켰을 당시 그들은 지금까지 서술해 온 관승은 아닙니다.

닌쇼의 상을 본 교쿠슈는 닌쇼의 얼굴에 나병(한센병)의 흔적이 있음을 알아차렸던 것입니다.

겐쵸지建長寺 대각선사[蘭溪道隆]의 제자 가운데 엔켄 수좌라는 사람이 있었습니다만, 대각선사가 동녀를 데리고 있는 것을 호죠 도키무네北条時宗에게 고자질하는 등 악행을 저질렀기 때문에 불벌佛罰을 받아 결국 한센병에 걸렸다고 합니다. 고쿠라쿠지 근처에 한센병 환자가 사는 곳이 있어 엔켄 수좌는 절에서 쫓겨나 그곳을 찾아왔습니다. 그는 젊을 때는 매우 미남으로 닌쇼는 엔켄 수좌에 대한 애련의 정이 깊었기 때문에, 그가 한센병에 걸리자 점점 더 동정하여 병을 기피하는 일 없이 침식을 함께 하며 상처를 핥고 손으로 문질러 주었습니다. 이로 인해 닌쇼도 한센병에 걸렸다고 합니다.

닌쇼의 엔켄 수좌에 대한 마음을 불교에서 중시하는 '자비'라는 표현이 아닌, 불교에서 부정되어야 할 '애련'이라는 표현을 사용하고 있는 점이나, '함께 침식한다'고 한 점 등으로부터 한센병에 걸린 엔켄 수좌라는 미남 승려와 닌쇼가 남색 관계에 있었기 때문에 닌쇼도 한센병에 걸렸다고 교쿠슈는 생각했던 것이겠지요. 닌쇼가 한센병에 걸려 있었을 가능성은 있습니다. 그러나 그것은 많은 한센병 환자의 때를 문질러 주거나, 걸을 수 없는 한센병 환자를 업거나 하는 등의 직접적인 접촉에 의한 감염이지, 남색에 의한 감염이었다고는 생각할 수 없습니다. 왜냐하면 후술하는 바와 같이 닌쇼는 계율 '부흥'을 위해 노력했던 지도자 가운데 한 사람이었기 때문입니다. 또한 '부흥'이라고 따옴표를 붙인 것은 단순한 부흥이 아닌 새로운 운동이었다고 생각하기 때문입니다. 그러나 닌쇼의 구제 활동은 후세의 선승에게 있어서도 믿기 어려운 행위였기 때문에, 남색 상대이기에 가능했음에 틀림없다고 왜곡되어 전해지고 있던 것이겠지요. 이 일화로부터 에도 시대에는 관승 여부에 관계없이 승려들 사이에서 남색이 일반적이었음을 엿볼 수 있습니다.

그런데 호넨·신란·니치렌·도겐·에이존·닌쇼 등 가마쿠라 신불교의 기수들도 일단 관승 세계에 들어갔다가 이후 둔세하고 있습니다. 이른바 이중 출가자입니다. 예를 들면, 집이 가난했던 에이존은 11세부터 15세까지 동자로 다이고지에서 생활하고 있습니다. 이들의 직접적인 둔세遁世 이유는 가지가지였지만, 남범이나 여범을 비롯한 파계가 극히 당연하게 이루어지고 있었던 현실, 특히 동자 시절에 관사에서 실제로 체험했던 일에 대한 비판이 이들을 새로운 행동으로 이끌었던 한 요인이라 생각됩니다.

식사에 관한 파계

관승의 파계 실태는 남범이나 여범에 그치지 않았습니다. 지금까지 사용해 온 〈금단악사근수선근서장초禁斷惡事勤修善根誓狀抄〉 외의 기청문을 봅시다(번역문). 소쇼가 맹서한 내용으로부터 역설적으로 소쇼의 일상생활, 신체론이 보입니다. 남색의 금지뿐만이 아닌 음주의 금계를 비롯한 다른 계도 깨고 있었음을 알 수 있습니다.

연도 미상입니다만, 소쇼는 다음과 같은 5개조의 서문誓文을 준비했습니다. 이것은 후략 부분에 의하면, 현재의 오오사카후大阪府 미나미카와치군南河內郡 다이시쵸太子町에 있는 에이후쿠지叡福寺의 쇼토쿠聖德태자 묘를 참배했을 때 태자의 성령에게 맹서한 것입니다.

5개조를 기청하며 경배 드립니다.

1. 금, 은, 쌀, 동전 등의 귀한 물건을 훔치지 않을 것.
2. 어류를 먹지 않을 것.

이 조문은 사정상 피하기 어려울 때나 혹은 신명身命을 돕기 위한 때를 제외하고, 맛난 음식을 즐기기 위해 오래 먹어서는 안 된다.

3. 하루 1권을 배포하고, 하루 1권은 관음경을 전독할
   것……

4. 매달 하루는 비시식非時食을 멈출 것.

   이 조문은 날짜를 꼭 정하지는 않으며, 사정에 따른
   다. 단, 18일은 비시식의 날로 해야 한다. 만약 한 달
   을 헛되이 보내버린다면, 그 다음 달에는 반드시 실
   천해야 한다.

5. 설사 명리名利를 위해 성교聖教를 배운다 해도 반드
   시 무상보리에 회향해야 한다.

……

먼저 제3조를 보겠습니다. '하루 1권은 관음경(관세음경)
을 읽는다'라고 맹서하고 있습니다. 관음경은 대자대비한 관
음보살이 모든 중생을 구제한다고 설하는 경입니다. 일본에
도 관음보살신앙은 아스카飛鳥시대에 이미 전해져, 훗날 쇼토
쿠태자는 구세관음보살의 화신이라 하여 관음신앙이 성덕태
자와 연결되어 널리 신앙되고 있었습니다. 소쇼도 관음신앙
을 가지고 있었기 때문에 태자의 묘에서 맹서한 것이겠지요.
이 맹서문은 모두 관음신앙에 근거하고 있습니다만, 순서에
따라 보겠습니다.

제1조는 도둑질을 하지 않겠다는 것입니다. 앞서 서술한 고후쿠지 나카무로中室의 호센보우法泉坊 이야기에서도 언급한 바와 같이, 당시는 기근이 일어나면 고후쿠지 승려도 먹을 것이 부족한 사태가 발생했습니다. 특히 소년이나 제자를 많이 데리고 있던 학승은 더욱 더 그렇습니다. 이로 인해 승려가 식료 등을 훔치는 일이 발생했기 때문에 이런 맹서를 한 것이겠지요.

제2조는 어류를 먹지 않겠다는 것입니다. 단, 병으로 생사가 걸린 경우 등 어쩔 수 없는 사정이 있을 경우에는 먹어도 좋다고 하고 있습니다. 어류는 귀중한 영양원이므로 중대한 병의 영양 보급에 도움이 되었을 것입니다. 여하튼 유기遊技·미식美食을 위해 생선을 먹는 것은 금지한 것입니다. 중국의 승려들도 생선은 물속의 야채라며 먹고 있었던 것 같으므로 소쇼 등이 생선을 먹는 것은 일반적이었겠지만, 자비의 관음보살을 앞에 하고 소쇼는 조건부이기는 하지만, 이후 생선을 먹지 않을 것을 맹서한 것 같습니다.

제4조에서는 비시식, 즉 정오 이후에 식사하는 것을 그만 두겠다고 맹서하고 있습니다. 앞서 서술한 바와 같이, 사미가 호지해야 할 10계 가운데도 불식비시식계不食非時食戒가 있으며 비구는 당연히 지켜야 할 일이었습니다. 그런데 본

사료에 의해 소쇼는 관음과 인연이 있는 하루만이라도 비시식계를 지키려 하고 있음을 알 수 있습니다. 역설적으로 보통 때는 비시식계는 지킬 수 없었으며, 정오 이후에도 식사를 하는 것이 일반적이었음을 엿볼 수 있습니다.

제5조에 의하면, 설사 명예나 이익을 위해 불교를 배운다 해도 궁극적으로는 무상의 깨달음을 위해 그 공덕을 회향한다고 맹서하고 있습니다. 관승들은 천황의 명령으로 열리는 칙회勅會에 초대되어 승정僧正·법인法印을 정점으로 하는 승위·승관의 승진을 '명리'로 삼고 있었습니다. 이를 위해 불교를 연구하고 있었던 것입니다. 소쇼도 마찬가지였다는 사실은 이미 언급했습니다. 그러나 이 서문에서 소쇼는 중생을 구제하는 보살의 깨달음을 얻기 위해 그 공덕을 회향한다고 관음보살에게 맹서하고 있습니다. 이러한 맹서는 역설적으로 관승들의 세계가 또 하나의 세속으로 변하고 있으며, 본래의 깨달음을 지향하는 세계가 아니었음을 보여줍니다.

도박과 술을 끊다

다음 서문도 봅시다. 1235(文曆 2)년 6월 10일에 '1. 특히 법상중종法相中宗을 배울 것' 등 10개조의 맹서를 세웠습니다.

여기서는 그 가운데 제9조와 제10조를 보겠습니다.

> 9. 가사기데라笠置寺에 거주할 때는 7일·14일·21일
>   등,……신심을 정중하게 수학해야 한다. 휴식할 때 외
>   에는 단주·불음 및 바둑과 장기 등의 모든 승부놀이
>   를 해서는 안 된다. 단, 휴식할 때라도 3일을 넘겨 놀
>   이해서는 안 된다.……
> 10. 스스로 쌍륙双六[38]을 하지 않을 것.……

제9조의 앞 조문에서는 매년 아무리 짧아도 100일(계속
하지 않아도 좋다)은 가사기데라에 거주할 것을 다짐하고 있습니
다. 그리고 제9조에서 가사기데라에 있을 때는 '휴식할 때 이
외'에는 금욕하고 수행에 힘쓸 것을 맹서하고 있습니다. 게다
가 3일을 넘겨 놀지 않는다고도 맹서하고 있습니다. 제10조에
서는 스스로 쌍륙을 하지 않겠다고 하고 있습니다. 이 서문으
로 보아도 소쇼에게 있어 가사기데라는, 말하자면 수행의 장
소이며 금욕의 장소였음을 알 수 있습니다. 그러나 이를 비판
적으로 본다면, 휴식할 때는 술을 마시고 음을 행하며 바둑·
장기를 하고 있었던 것이 됩니다. 쌍륙의 경우, 에도시대에는
금제가 나올 정도로 예로부터 도박의 대상이었습니다. 이들

서문을 통해 관승이 도박에 흥미를 가지고 있었음을 알 수 있습니다. 바둑·장기의 경우에도 단순한 승부놀이가 아니었을 가능성이 있습니다. 소쇼가 작성한 다음 서문을 통해 이런 추측이 가능합니다.

경배 드립니다. 주연을 금단할 것.

술은 제불이 엄격히 금하는 바이며, 중성衆聖은 절대 수용하지 않는다. 설사 말법시대의 우둔한 범승이라 해도 어찌 마음대로 주연을 즐길 것인가. 한편에서는 양약良藥으로 이를 복용한다 하지만, 석씨(불교도)가 할 일은 아니다. 하물며 연회를 위해 이를 마시는 것은 말해 무엇 하리. 대부분 속인의 과실을 넘는 것이다. 따라서 오늘 이후 천일 동안 오래도록 주연을 금단하는 바이다. 단, 음주의 훈습은 오래되어 완전히 끊는 것이 쉽지 않다. 병환을 고치기 위해 양약으로 사용하고자 한다. 즉, 6시時동안 3합合을 허용한다. 대부분 금단할 것, 그 취지는 이상과 같다. 경배 드립니다.

文曆 2년 6월 20일 宗性 敬白

生年 34

술을 금단하는 맹서임을 한 눈에 알 수 있습니다. 계율에서 음주는 재가신자에게조차 금지되고 있습니다만, 이 사료로 보아 소소가 술을 마시고 있었음은 분명합니다. 1235(文曆 2)년 6월 20일 천일 동안 주연의 금단을 맹서하고 있습니다만, 술을 마시는 습관이 길고 전면적으로 금단하는 것은 어려우므로 양약으로 육시염불 동안은 3합의 술의 음주를 허용하고 있습니다. 그러나 이 맹서는 지켜지지 않았던 것 같으며, 게다가 맹서는 상승하여 7년 반 후에는 천일은커녕 영원한 금주의 서문을 쓰고 있습니다.

경배 드립니다. 평생 내지 미래세 다하도록 단주할 것. 술은 방일의 원천이며 많은 죄의 근원이다. 그런데 생년 12세 여름부터 41세 겨울에 이르기까지 즐겨 많이 마시며 취해서 광란했다. 곰곰이 그 저지른 과실을 생각해보니 악도의 업이다. 앞의 죄를 돌아볼 때마다 깊이 후회하는 바이다. 이후 미래세가 다하도록 영원히 이를 금단한다. 단, 여법진실하게 병이 낫기 어려울 때는 제외한다. 바라건대 이 선연善緣으로, 또한 지금의 공덕으로 현세 오래도록 여산餘算을 지니고, 몸에는 병환 없어 불법을 배우고 싶다. 이번 생에 반드시 자존慈

尊을 눈앞에 하고 예를 드리고 혜해慧解를 열고 싶다.

仁治 4년 정월 1일 이를 시작한다. 權律師 宗性

즉, 1243(仁治 4)년 정월 1일에 한평생뿐만 아닌, '진미래제盡未來際'(죽고 살기를 반복하면서도 영구히) 금주할 것을 맹서하고 있습니다. 7년 반 전에 천일 동안 주연의 금단을 맹서했음에도 불구하고 술을 좋아하는 것은 변함없어 다량으로 마시고 취해서는 광란하는 상황이었던 것입니다. 또한 "생년 12세 여름부터 41세 겨울에 이르기까지"라고 기술하고 있는 것으로 보아, 불음주계를 맹서하고 출가한 직후부터 도다이지에서 음주하고 있었음을 알 수 있습니다. 이로 볼 때, 소쇼만이 아닌 도다이지 전체에서 불음주계를 저지르고 있었던 것이겠지요. 애초에 소쇼가 1258(正嘉 2)년 9월 9일에 《금단악사근수선근서장초》를 정리한 것도 맹서를 지키지 못하는 것에 대한 반성에서였습니다.

소쇼가 예외적인 경우는 아니었다고 생각됩니다. 특히 남색·여범·음주 등은 점점 성행하게 됩니다. 소쇼가 도다이지 별당까지 될 수 있었던 것 자체가 소쇼의 서문에서 볼 수 있는 파계가 예외가 아닌, 관승들 사이에서 일반화하고 있던 일임을 보여 줍니다. 그러나 주목해야 할 것은 《금단악사근수선근서장초》가 보여주는 바와 같이, 가사기데라 등은 이런 파계를 꺼리는 장소였다는 점입니다. 이것은 지계의 움직임이 관승 내부에서 일어났음을 보여줍니다. '또 하나의 세속'과는 다른 본래의 계를 지켜 깨달음을 열기 위한 청정한 은처의 장소를 만들어내고 있었던 것입니다. 성스러운 장소의 존재에 대해서는 후술할 둔세와 관련해서도 크게 주목됩니다.

여범女犯

관승 세계에서는 남색만이 아닌 여범女犯(여성과의 성교)도 일반화하여 '승려의 집'까지 존재하고 있었다는 사실은 널리 알려져 있습니다. 에이존의 아버지가 고후쿠지의 승려였던 것처럼 관승이 처자를 가지고 있던 것은 사실상 공공연한 비밀이었습니다. 여기서는 여범에 관해 보겠습니다.

소쇼는 1273(文永 10)년 72세 때에 《법승사어팔강문답기法勝寺御八講問答記》를 기록했습니다. 이는 교토 홋쇼지法勝寺에서의 어팔강御八講 때에 누가 어떤 역할을 했는가에 대한 기록입니다만, 인물에 대해 주기한 내용 가운데 누구의 아들인가, 누구의 제자인가 하는 기록이 시선을 끕니다. 앞 장에서 이미 소개했습니다만, 특히 여기서 주목되는 것은 '참[眞] 제자'라는 말입니다. 참 제자란 참된 제자라는 의미가 아닌 '친아들이 제자가 되는 것'을 의미한다는 점에 대해서는 이미 서술했습니다. 예를 들면, 홋쇼지 어팔강에서 강사를 담당했던 젠카쿠 源覺에 대해 다음과 같이 주기하고 있습니다.

> 權少僧都源覺, 山, 四七, 弁, 平宰相成俊卿猶子, 三十二春, 實任範法眼眞弟子

이에 의하면, 권소승도權少僧都 젠카쿠는 산문山門, 즉 엔랴쿠지 출신으로 47세였으며 계랍은 32세로 엔랴쿠지에서 봄에 수계를 받았음을 알 수 있습니다. 변弁(태정관의 서기역)의 평재상平宰相인 시게토시成俊의 유자猶子(양자)입니다만, 실은 닌반任範 법안의 참 제자였다는 것입니다. 즉, 젠카쿠가 닌반 법안의 아들이었음을 알 수 있습니다. 이러한 주기에 의해 홋쇼지 어팔강에 참가한 강사 9명 가운데 3명이, 청중 10명 가운데 4명이 참 제자였음을 알 수 있으며, 관승 세계에서는 남색과 더불어 여범도 크게 성행하고 있었음을 알 수 있습니다. 이상, 도다이지 소쇼의 예 등으로 보아 관승 집단에서 남색·여범 등, 계율에 의하면 승려 집단으로부터의 추방에 해당하는 파계가 고위 승려뿐만이 아닌 하위 승려 사이에서도 일반화하고 있었음은 분명합니다.

　　이러한 관승 세계에서 일반화된 파계 상황 속에서 국가적인 계단에서의 수계 현상에 의문을 지니고 수계의 재생을 지향하는 운동이 일어났습니다. 이런 운동은 국립 계단에서의 수계를 이끌고 있던 도다이지 계단과 엔랴쿠지 계단 양쪽에서 일어나고 결국은 국립 계단에서의 수계를 부정하고 새로운 사적 계단의 수립으로 나아가게 됩니다. 우선 도다이지 계단에서 일어난 계율 부흥 활동부터 보겠습니다.

제3장 파계와 지계 사이에서

유명무실해진 계

소쇼의 예로부터도 알 수 있듯이, 고대 말·중세에는 남색이 관승 집단의 문화가 될 정도로 파계가 일반화하고 있었습니다.

한편, 8세기 중반 감진鑑眞에 의해 국가적 수계 제도가 수립된 이후에는 계랍, 즉 수계한지 몇 년 되었는가가 승려 집단 내의 서열을 결정하는 중요한 요소가 되었습니다. 이 때문에 제도로서의 수계 제도는 중요성을 지닌 채 중세에도 이어졌습니다. 그러나 개개의 관승들이 파계를 행하고 수계 제도의 형식화도 점점 진행되어 수계 의례 자체도 애매해져 가게 됩니다. 그 이유 가운데 하나로 10세기 이래 후지와라藤原씨 등의 귀족의 차남, 3남과 같은 비적자非嫡子가 절에 들어감으로써 또 하나의 귀족사회가 승려 집단 안에 형성된 점을 들 수 있습니다. 또 하나의 원인은 관승 집단의 숫자 증가에 있다고 추측됩니다. 숫자가 늘어나면 질은 떨어지기 마련입니다. 현재의 학사제도를 예로 든다면, 대학 진학율은 높아지

고 대학생 수도 늘어나고 대학도 늘어갑니다. 이는 제도로서
의 학사제가 기능하고 있기 때문입니다. 학사라는 직함은 취
직 등 갖가지 경우에 유효성을 지닙니다. 하지만 그렇다고 해
서 수많은 학생이 모두 학사로서 어울리는 공부를 하고 있는
가는 의심스러운 것이 현실입니다. 학사제의 쇠미衰微나 이완
은 더 이상 묵과할 수 없는 면이 있습니다. 즉, 관승이 수계 제
도 하에 있으면서 파계는 일반적이었던 상황과 마찬가지라
고 할 수 있을지도 모릅니다.

그래서 12세기에는 율학(계율 연구)의 부흥이나 수계 제
도의 정비 자체가 문제가 됩니다. 이 와중에 지츠한實範에 의
한 수계 의례의 정비가 도모된 것입니다.

지츠한實範이 시작한 계율 부흥

도다이지 계단에 있어 수계의 부흥이라 하면 우선 지
츠한實範(?~1144)을 들 수 있습니다. 지츠한은 고후쿠지에서 승
강까지 된 후 나카가와中川(奈良市)에서 은둔하고 있었습니다.
그런데 1120~24(保安 年間)년에 율학의 쇠미를 한탄하는 고후
쿠지 측의 의향을 받아들여 〈동대사계단원수계식東大寺戒壇院
受戒式〉을 정리하게 되었다고 합니다. 〈동대사계단원수계식〉

이란 도다이지 계단에서의 수계 방식을 정리한 것입니다만, 수계의 중심지였을 도다이지에서조차 그것은 희미해져 있었던 것이겠지요.

고후쿠지 승려들에 의해 도다이지 계단에서의 수계나 율학 상황이 문제시되었다는 점을 볼 때, 당시에도 도다이지 계단이 도다이지 승려뿐만이 아닌 고후쿠지, 사이다이지, 온죠지 외의 관승 집단이 공유하는 국가적 계단이었음을 알 수 있습니다.

지츠한은 감진이 개산開山이자 수계에 정통한 승려가 있다고 생각되는 도쇼다이지唐招提寺로 갔습니다. 쇠미하고 있던 도쇼다이지였습니다만, 우연히 가이코戒光라는 승려를 만나 그로부터 〈동대사계단원수계식〉을 배웠다고 합니다. 《唐招提寺解》

도다이지 계단에서 계화상을 필두로 한 계사를 도맡은 것은 남도 육종 가운데 율종의 계보를 잇는 고후쿠지 동·서 금당중金堂衆이라고 하는 율학중律學衆이라 불리는 관승이었습니다. 그리고 지츠한에게 〈동대사계단원수계식〉을 정리하도록 부탁한 것도 고후쿠지 서금당의 료쇼보 카이조良勝房快增였다고 합니다. 그들조차 계율에 소원해져 있었던 것이겠지요. 여기에 도다이지 계단원에서의 수계 방식이 재흥된 것입니다. 그러나 〈동대사계단원수계식〉이 정리된 이후에도 승려의 계율에 대한 관심은 낮아 파계도 일반화하고 있었습니다. 이런 가운데 말법에는 형태만이라도 계율을 배우면 효과가 있다고 하는 비장한 결의로 도다이지 계단에서의 수계제 부흥에 힘쓴 것이 게다츠보 죠케이解脫房貞慶(1155～1213)입니다.

　　앞서 서술한 바와 같이, 소쇼는 가사기데라에서는 금욕을 지키고자 했습니다. 그 가사기데라의 중흥자야말로 죠케이입니다. 죠케이의 석가신앙에 근거한 계율 '부흥' 운동에 의해 가사기데라는 남색·여범도 금하는 금욕의 장소가 된 것입니다. 다음으로 죠케이에 주목해 보겠습니다.

　죠케이貞慶의 계율 부흥

　　죠케이는 1155(久壽 2)년 5월 21일에 후지와라노 미치노리藤原通憲(信西)의 둘째인 후지와라노 사다노리藤原貞憲의 아들로 태어나 1213(建曆 3)년 2월 3일에 59세로 사거했습니다. 조부인 미치노리는 다이라노 키요모리平清盛와 연대하여 권세를 누렸습니다만, 헤이지平治의 난(1159) 때 살해된 것으로 알려집니다. 일족으로부터는 창도가唱導家로 유명한 숙부 죠켄澄憲을 비롯하여 뛰어난 학승이 나왔습니다.

죠케이의 승려 인생은 1162(應保 2)년에 시작되었습니다. 그 해 8살, 고후쿠지에 들어갔습니다. 즉, 죠케이도 동자로서 고후쿠지에서 살고 있었던 것입니다. 1165(永万 원)년에는 고후쿠지에서 출가하고 같은 해에 도다이지 계단원에서 수계했습니다. 그 후 숙부인 가쿠켄(覺憲) 밑에서 법상종이나 율종 등을 배웠습니다. '법상종이나 율종 등을 배운다' 등이라고 쓰면, '종(宗)'은 신봉하는 것이 아닌가라는 주장이 제기될 수도 있을 것 같습니다만, 바로 이 점에 고대 이래 관승들의 불교의 본질이 나타나 있습니다. 즉, 당시의 '종'은 배워야 할 교학을 의미합니다.

관승에 관하여

여기서 다시 한 번 관승에 대해 정리해 두겠습니다. 당시의 고후쿠지 혹은 도다이지, 엔랴쿠지라는 절의 승려들은 국가공무원적인 관료승, 생략하여 관승이었습니다. 즉, 각 절에서 출가의 절차는 이루어진다 해도 명분상으로는 천황의 허가를 얻어 승려가 되고, 국가로부터 도연(度緣(출가증명서))을 받아 도다이지 계단 외의 국가적 계단에서 수계하고, 나아가 승위·승관에 임명되는 것이 일반적이었습니다. 그들의 가장 중요한 임무는 진호국가의 기도였습니다. 천황의 허가를 얻지 않고 시작한 호넨法然 등의 교단이 국가적으로 인지되기 전까지는, 관승 집단만이 승려 집단으로 인정받았습니다. 이른바 승려들은 관승 체제 하에 있었다고 할 수 있습니다.

　　관승들은 관료의 일종이므로 의식주가 보장되고 병역 면제 등의 특권이 있었습니다만, 사예死穢를 비롯한 더러움의 기피 등과 같은 제약을 받았습니다. 사예란 사체로부터 발생하는 더러움으로 사체에 접촉하거나 함께 앉아 있거나 하면 사예에 오염되게 됩니다. 사예에 오염되면(觸穢라고도 한다) 30일 동안이나 자택에서 근신해야 하며, 이 때문에 관승들은 장례식 등과 같은 더러움에 관련된 것에 종사하는 것을 꺼려했습니다. 현재 승려는 장례식에 종사하는 자라고 생각되고 있는 것과는 전혀 달랐습니다.

　　단, 관승 이외에 히지리[聖]나 재가 사미라 하여 관승이 아닌 승려도 수많이 있었습니다만, 국가적으로는 승려로 인지되지 않았습니다. 하지만 이것은 당시의 히지리나 재가 사미의 역할이 중요하지 않았다는 의미는 결코 아닙니다. 도道를 정비하고 무연불無緣佛을 회향하는 등 큰 역할을 다하고 있었습니다만, 승려로서는 인정받지 못하고 있었던 것입니다.

'승니령僧尼令'이라는 법률에서 인정하는 관승은 아니었기 때문에, 앞서 서술한 바와 같은 의식주의 보장이나 군역 면제 등과 같은 관승의 특권은 인정받지 못했다는 것입니다.

죠케이는 이러한 고후쿠지 소속 관승의 한 사람으로 출발했습니다만, 가마쿠라 신불교의 조사들도 관승에서 출발하고 있었습니다.

엘리트승 죠케이와 가사기데라笠置寺

죠케이는 관승 세계에서도 엘리트 코스를 밟은 듯 1182(壽永 원)년에는 진호국가의 법회 중에서도 특히 중요한 고후쿠지 유마회의 수의竪義(법상종의 교리 문답)를 거쳐 1186(文治 2)년에는 유마회의 강사도 맡았습니다. 죠케이도 다른 관승들과 마찬가지로 진호국가의 법회인 칙회勅會에 참가하고 승진해 가는 것을 명리로 삼고 있었다는 점은 다음 노래로부터도 알 수 있습니다. 죠케이는《속후찬화가집續後撰和歌集》(1251년 완성)에서 "세상을 벗어난 후 공청公請을 위해 기록해 둔 문장을 보고"라는 제목으로 와가和歌를 정리했습니다.

이것이야말로 진정한 길이라고 생각했건만, 이 역시

세상을 건너는 다리에 불과했구나.

칙회에 초대되는 공청을 위해 불교를 연구하는 것을 참된 길이라 생각하고 있었지만, 가사기데라로의 둔세를 결의한 지금으로서는 이 역시 '도세度世를 위한 다리에 불과했구나'라고 읊고 있습니다. 죠케이의 관승 시대 생활을 방불케 해주는 명가라고 할 수 있습니다. 지금도 교토후京都府 소라쿠相樂군 가사기笠置마을에 있는 야마토大和와 야마시로山城의 국경에 위치하는 가사기데라라는 거대한 미륵마애불로 유명한 것처럼 미륵신앙의 거점 가운데 하나였습니다. 나라·헤이안 시대 이래 번창하고 있었습니다만, 1193(建久 4)년에 죠케이가 가스가春日신으로부터 꿈에서 계시를 받은 후 관승 세계에서 이탈할 것을 결의하고 가사기데라에 입사함으로써 미륵신앙의 중심지로 한층 발전했다고 합니다. 이 절은 가마쿠라시대 말기에 고다이고後醍醐천황이 칩거했던 곳으로도 유명합니다.

새로운 활동을 위한 이중 출가

이 관승 신분으로부터의 이탈을 당시의 사료에서는

'둔세遁世' 혹은 '은둔'이라고 표현하고 있습니다. 둔세란 본래 출가를 의미하며, 고대에는 고후쿠지·도다이지·엔랴쿠지 등에 들어가는 것을 의미했습니다. 그러나 여기서는 고후쿠지로부터 이탈하여 가사기데라에서 금욕의 불도 수행을 하는 것을 둔세(은둔)라고 표현하고 있습니다. 앞서 든 죠케이의 와가和歌로부터 알 수 있듯이, 둔세했을 출가자의 세계 역시 또 하나의 세속 세계였기 때문에 다시금 둔세나 은둔으로 표현할 필요가 있었던 것이겠지요.

계도류系圖類에서는 관승 신분에서 이탈하는 것이나 가마쿠라불교 사원에 들어가는 것을 '둔세'라 표기하고 있으므로, 이후 관승에서 이탈하여 이른바 이중 출가한 승려를 둔세한 승려, 즉 둔세승이라고 부릅니다. 죠케이는 고후쿠지 소속의 관승 신분에서 둔세했습니다만, 호넨·신란·니치렌·에이사이·도겐 등도 관승의 세계(엔랴쿠지)에서 둔세했습니다. 이와 같이 가마쿠라 신불교 초기의 대부분의 조사들이 둔세승이었다는 점에 주의를 환기하고자 합니다. 죠케이의 눈부신 활약도 둔세해서 가사기데라로 이주한 후부터 시작됩니다.

둔세 혹은 은둔이라 하면, 자칫 세상을 허무하게 여겨 조용히 홀로 살아가는 것을 떠올리기 쉽습니다만, 가마쿠라 신불교의 승려들에게 있어 '둔세'란 새로운 구제 활동의 기점이 되었다는 점에 주목할 필요가 있습니다. 왜냐하면 이미 언급한 바와 같이, 관승들에게는 현재 공무원의 복무규정에 해당하는 것과 같은 여러 가지 활동상의 제약이 있었기 때문입니다. 그중 가장 큰 것이 더러움 기피의 의무였습니다. 관승들은 더러움을 거리낀 나머지 구제 활동에 한계가 있었습니다. 예를 들어 당시 한센병 환자는 더러움의 극단에 있는 비인非人(인간이면서 인간이 아닌 존재)으로 여겨지고 있었으므로, 관승들은 직접적인 구제를 행할 수 없었습니다. 죠케이는 1209(承元 3)년에 만다라당曼陀羅堂 재흥을 발원한 나라奈良의 가타야마北山 비인을 대신하여 원문願文을 쓰고 있습니다만, 관승 시대의 죠케이에게는 그런 일은 불가능했을 것입니다.

또한 사체를 만지거나 함께 앉는 것도 사예에 접촉하는 것으로 여겨져 꺼렸습니다. 앞서 서술한 바와 같이, 소쇼가 살해된 리키마루묘의 뼈를 주워 가사기데라에 칩거했던 것도 사예에 접촉했기 때문입니다. 둔세의 장소인 가사기데라는 그러한 꺼림으로부터 자유로운 장소였던 것입니다.

죠케이의 신앙이나 활동은 폭 넓어 미륵신앙, 석가신앙, 사리신앙 등 복수 신앙의 소유자였다고 합니다만, 저는 죠케이 신앙의 중심에는 석가 신앙이 있으며 이를 중심으로 여러 가지 신앙이나 활동이 있었다고 생각합니다.

석가 신앙과 지계

　기존에 중세불교라 하면, 호넨·신란 등의 아미타 신앙에 주목하곤 했습니다. 즉, 아미타불이 세운 48원에 의존하여 극락왕생을 지향하는 집단에게 조명이 맞추어져 온 것입니다. 그러나 또 하나의 중요한 신앙에 석가 신앙이 있으며, 특히 중세에는 석가가 세운 오백의 대원大願에 의존하여 성불을 지향하는 신앙이 유행했습니다. 에이사이榮西, 니치렌日蓮, 묘에明惠, 에이존叡尊 등이 강렬한 석가 신앙을 가지고 있었던 점에도 주목할 필요가 있습니다. 실로 계율 중시의 활동은 석가 신앙을 중시하는 그룹이 선두에 서서 이끌어 갔던 것입니다.

　죠케이의 저작 가운데 《우미발심집愚迷發心集》이라는 것이 있습니다. 여기서는 어리석고 미망으로 가득 찬 자신이 견고한 보리심(깨달음을 목표로 하는 마음)을 일으킬 수 있도록 신불神佛에게 기원하고 있습니다. 또한, 석가 재세 시에 태어나지 못하고 56억 7천만 년 후 미륵불이 출현하기 전인 '불전불후佛前佛後'에 태어난 자신의 불운을 한탄하며, 인도로부터 멀리 떨어진 일본에 태어난 것도 한탄하고 있습니다. 거기에는 본사本師 석가를 연모하는 강렬한 마음이 표현되어 있습니다. 석가에게 돌아가고자 할 때 석가가 정한 계율에의 회귀가 일어나는 것은 자연스러운 일입니다. 죠케이의 계율에 대한 마음도 석가 신앙의 일환으로 일어났다고 할 수 있습니다.

가사기에 둔세한 죠케이는 1212(建曆 2)년에 제자 가쿠신(覺眞)에게 명하여 고후쿠지에 죠키인(常喜院)을 세우고 율을 강의하게 하고 계율 부흥에 힘쓰는 등의 활동을 개시합니다. 죠케이는 둔세의 몸으로 예전 주처인 고후쿠지에 계율 연구 장소인 죠키인을 만들었던 것입니다. 죠케이는 1207~11(承元 무렵)년에 《계율흥행원서(戒律興行願書)》를 지었습니다만, 여기서 다음과 같은 '계율 흥행'에 대한 비장한 각오를 서술하고 있습니다. "석가의 사후에는 계율이 스승이지만, 말세에는 계율을 배우고 호지하는 자도 없다. 이런 상황에서는 설사 불청정(계율을 호지하지 않는) 비구라도 불여법(계율에 따르지 않는)의 규칙이라 해도 혼자든 둘이든 계율을 아는 자가 있다면 상당히 뛰어난 연이다."라며, 고후쿠지 동서 양 금당의 율학중에게 계율 연구를 권하고 있습니다.

지츠한의 도다이지 계단 재흥에도 불구하고 계율을 전문으로 하는 율학중 조차 계율에 소원해져 있었던 것이겠지요. 위에서 소쇼에 관해 서술할 때 가사기데라가 남색, 음주도 금욕하지 않으면 안될 만큼 청정한 장소였다는 점을 알았습니다만, 그 배경에는 죠케이에 의한 이러한 계율 '부흥'

운동이 있었던 것입니다.

죠케이와 남색

단, 앞에서 죠케이가 가사기데라로 둔세한 이유를 가스가신의 계시에 의한 것이라고 설명했습니다만,《벽산일록碧山日錄》1459(長祿 3)년 9월 20일조에는 다음과 같은 이야기가 전해집니다. (번역문)

죠케이는 고후쿠지에서 유식을 연찬하여 드디어 궁극의 경지에 이르렀습니다. 그 무렵, 같은 방에 구레타케吳竹라는 소년이 있었는데, 그 용모가 너무나도 뛰어났으므로 죠케이는 그를 깊이 사랑했습니다. 그런데 어느 날 이 치아의 모습이 보이지 않았습니다. 항상 신경 쓰며 사랑하고 있던 치아였기에 누군가 빼앗아 간 것은 아닐까 걱정하며 비밀리에 탐색했다고 합니다. 그 결과, 어느 시골의 백성 집에 있음을 알게 된 죠케이는 그곳으로 향했습니다. 그런데 마침 그 때 소년은 보리떡을 먹고 있었습니다. 그 모습은 여느 때 방房에 있던 구레타케와는 너무나도 달랐습니다. 이로 인해 실망한

죠케이는 '나보다 보리떡 쪽이 구레타케의 마음을 사
로잡고 있구나'라고 깨닫고는 가사기데라로의 은둔을
결의했습니다.

죠케이가 도달한 유식唯識이란 공에 관한 이론으로 이
세상의 모든 것은 마음이 낳은 환상에 불과한 것으로 집착해
서는 안 된다고 하는 생각입니다. 색안경을 끼었을 때와 끼지
않았을 때와는 경치가 전혀 다르게 보입니다만, 유식사상은
우리들의 이해라든지 인식이라고 하는 것은 마음이 낳은 환
상이며, 이른바 색안경을 끼고 사물을 보고 있는 것과 같다고
생각합니다.

이 때문에《벽산일록碧山日錄》에서는 죠케이의 유식 이
해를 야유하고 있습니다. 이 이야기가 사실인가 아닌가는 차
치하고라도, 소쇼 등의 예로부터 판단한다면 죠케이 자신도
동자로서 고후쿠지에 입사하고 있으므로 그 역시 소년과 남
색 관계를 맺고 있었다고 생각하는 것이 자연스러울 것입니
다. 죠케이의 필사적인 계율 부흥의 마음도 남색이나 여범 등
의 파계가 일반화하고 있던 고후쿠지에서의 실체험이 배경
에 있다고 생각됩니다.

가이쥬센지海住山寺에서조차

가이쥬센지(京都府 木津川市)도 죠케이가 중흥한 절로 알려져 있습니다. 죠케이는 1213(建曆 3)년 정월 11일에 가이쥬센지에 머무는 승려가 지켜야 할 규칙을 정한 5개조의 기청문을 썼습니다. 그 가운데 제5조에 '산 속의 투쟁을 멈출 것'이 규정되어 있습니다. 동자를 원인으로 가이쥬센지의 승려들끼리 비방하거나 무례한 행동을 하거나 하는 것에 대한 염려가 제기되고 있습니다. 또한 대단한 일도 아닌데 타인에게 고자질하거나 상대방에게 상처를 입히려 하는 것은 가장 나쁜일이라고 합니다. 이 규정을 통해, 계율을 부흥시켰을 가이쥬센지에서조차 동자를 둘러싼 싸움이 고려될 정도였음을 반대로 읽을 수 있습니다.

죠케이가 고후쿠지에 설립한 죠키인에서는 20명의 율학중이 생활하면서 계율 연구에 힘썼던 것 같습니다. 그 멤버 가운데 한 사람이었던 가쿠죠覺盛 등에 의해 나중에 놀라운 계율 '부흥' 운동이 일어납니다. 또한 죠케이의 제자인 가이뇨戒如도 가쿠죠의 동지인 에이존 등에게 큰 영향을 주었습니다. 가쿠죠 등에게 큰 영향을 준 인물로는 슌죠俊芿도 있습니다.

북경율의 조사 슌죠俊芿

슌죠는 1166(仁安 원)년에 히고肥後국 아키타飽田군 아마기노쇼甘木莊(熊本縣 上益城郡)에서 태어났습니다. 4세에 천태종계의 절에 맡겨져 18세에 삭발, 19세가 된 1185(文治 원)년 4월 8일에 치쿠젠筑前 간제온지觀世音寺 계단에서 수계했습니다. 간제온지는 원래 천태종계 이외 규슈九州의 사미를 위한 국가적 계단이었습니다만, 이 무렵 간제온지 계단은 천태종계, 진언종계 등을 불문한 여러 종의 규슈 출신의 사미가 수계하는 계단으로 기능하고 있었음을 알 수 있습니다.

1199(正治 원)년 4월에 입송하고 1211(建曆 원)년에 귀조했습니다. 귀조 후에는 에이사이榮西의 후원을 얻어 겐닌지建仁寺에 머물렀습니다만, 여러 절을 거쳐 교토 센뉴지仙遊寺(泉涌寺로 개명)에 들어가 1227(嘉祿 3)년 윤 3월 10일에 센뉴지泉涌寺에서 사거했습니다. 햇수로 13년에 걸친 입송으로 슌죠는 많은 것을 배우고, 특히 선·율·정토에 관한 중국의 동향을 일본에 전했습니다. 슌죠는 귀조한 1211년에 《점찰경占察經》에 의거하여 자서수계自誓受戒했습니다.[39] 자서수계란 《점찰경》 등에 근거하여 앞서 서술한 10명의 계사(3사 7증)로부터가 아닌 불·보살로부터 직접 보살계를 받는 수계입니다. 슌죠의 자서수

계는 어디까지나 10명의 계사가 동반하지 않을 때를 위한 편법으로서의 수계로, 보살계를 받고 보살비구가 되고자 한 것은 아니었던 것 같습니다. 그러나 《점찰경》에 근거하여 자서수계로 보살계를 받은 사실은 자서수계로 보살비구가 되는 길을 열게 됩니다. 다음 서술할 가쿠죠覺盛 등에게 이는 큰 영향을 주었다고 생각됩니다.

순죠 이후에도 센뉴지는 계율 연구의 메카가 되어 여기서의 율학은 남도의 사이다이지西大寺·도쇼다이지唐招提寺의 남경율南京律에 대해 북경율北京律이라 불립니다.

이론을 담당한 가쿠죠覺盛

가쿠죠覺盛(1194~1249)는 방명房名을 가쿠리츠보우學律房(훗날 고쳐서 규죠보窮情房)라고 하며, 고후쿠지의 서금당중西金堂衆이었습니다. 앞서 서술한 1212(建曆 2)년에 세워진 죠키인에서 연구하고 공부하는 20명 가운데 한 사람으로 뽑혔습니다. 이때 18세로 최연소였다고 합니다. 이와 같이 가쿠죠는 젊어서 계율을 연구하여 훗날 계율 '부흥'의 이론적인 부분을 담당하며 《보살계통별이수초菩薩戒通別二受抄》, 《보살계통수견의초菩薩戒通受遣疑抄》 등을 지었습니다.

가쿠죠는 깊이 계율을 연구하고 공부하며 파계의 일 반화에 대해 고민했습니다. 그리고 1236(嘉禎 2)년 9월에는 엔세이圓晴·우곤有嚴·에이존叡尊 등과 더불어 도다이지 겐사쿠인(羂索院, 법화당)에서 자서수계하는 계율 '부흥'을 개시했습니다. 즉,《점찰경》등에 근거하여 불·보살로부터 직접 보살계를 통수通受 수계함으로써 보살비구가 되고자 한 것입니다. 가쿠죠 등 4명은 자서의 4철哲이라 불립니다.

통수通受와 별수別受

계율은 내용에 따라 섭율의계攝律儀戒(止惡戒), 섭선법계 攝善法戒(作善戒), 섭중생계攝衆生戒(利他戒)로 구분됩니다. 즉, 악을 짓지 않는다는 계(지악계), 선을 행한다는 계(작선계), 타자의 이익이 되는 일을 하는 계(이타계)의 셋입니다. 이들 모두를 받는 것을 통수通受라 하고, 섭율의계만을 따로 받는 것을 별수 別受라고 합니다. 통수(이전부터 계를 주는 사람의 입장에서도 계를 받은 사람의 입장에서도 '통수'라고 통일해서 사용되어 왔으므로 이에 따른다. '별수' 도 동일하다)란 별수와 한 쌍을 이루는 수계授戒 방식을 가리킵니다.

감진은 《사분율》에서 설하는 250계를 섭율의계로 하

고 도다이지 계단에서 3사 7증에 의해 그 계를 주는 방식을 《사분율》에 근거한 별수라고 했습니다. 즉, 비구가 되기 위해서는 《사분율》 250계의 별수가 필수였던 것입니다. 그러나 가쿠죠 등의 자서수계는 《사분율》의 별수가 아닌 통수였습니다. 당시 형식화되었다고는 해도 도다이지 계단에서 계사에 의한 수계가 이어지고 있었으므로, 그들이 자서수계를 한 것은 도다이지 계단의 계사의 존재를 부정하는 행위였습니다.

파계가 일반화된 말세에는 여법(계율을 호지하는)한 계사는 없다는 인식 하에, 가쿠죠 등은 불·보살로부터의 직접 수계를 지향했던 것입니다. 지금까지 소개해 온 바와 같이, 이런 인식의 배경에는 계사들 사이에서조차 남색 등의 파계를 당연시하는 현실이 있었을 것입니다.

타자他者를 구제하는 승려이기에

불교는 타자를 구제하는 것이라고 생각하기 쉽습니다만, 관승들은 국가에 종속되어 천하태평·국가안온을 기원하는 일을 최우선으로 삼았으며, 부정 기피의 제약 등이 있어 개개인의 구제는 소홀히 하고 있었습니다. 이 때문에 가쿠죠 등은 타자를 구제하는 보살비구야말로 참된 비구라 생각하고 '타자를 구제하는 보살비구가 되라'고 주장하며, 별수가 아닌 통수를 실행한 것입니다. 이러한 가쿠죠 등의 활동은 지금까지 정식으로 여겨져 왔던 도다이지 계단에서의 3사 7증 방식을 부정하는 허용하기 어려운 행위로 간주되었습니다만, 가쿠죠는 앞서 언급한 《보살계통별이수초》, 《보살계통수견의초》 등을 저술하며 비판에 반론했습니다. 또한 1244(寬元 2)년 2월에 도쇼다이지로 옮긴 후에는 눈부신 계율 '부흥' 활동을 시작합니다.

특히 1245(寬元 3)년에는 에이존 등과 더불어 에바라데라家原寺(大阪府堺市)에서 별수를 행하고, 이를 중심으로 신의율종新義律宗 교단이라 부를만한 새로운 교단을 수립하기에 이릅니다. 단, 가쿠죠는 1249(建長 원)년 5월 길거리에서 사거했기 때문에 에이존이 계율 '부흥' 운동의 중심을 이루어 갑니다. 하지만 가쿠죠 이후에도 도쇼다이지는 에이존 등의 협력을 받아 발전하였으며, 쇼겐證玄·료헨良遍·신쿠眞空·엔쇼圓照·교넨凝然·도고導御라는 도쇼다이지 계통의 율승도 배출하였습니다. 이 점도 잊어서는 안 됩니다.

에이존叡尊과 홍법대사

시엔보思圓房 에이존(1201~90)은 1201(建仁 원)년 5월 야마토大和국 소에카미添上군 미타노箕田마을(나라현 야마토군 山市白土町)에서 고후쿠지의 학려學侶인 교겐慶玄을 아버지로 후지와라노 나니가시藤原某를 어머니로 태어났습니다. 에이존의 아버지 역시 불음계를 저지르고 있었던 것입니다. 집이 가난했던 에이존은 11세부터 15세까지 동자로 다이고지醍醐寺에서 지냈습니다. 위에서 수차례 언급해 온 다이고지는 현재의 교토시 후시미伏見구 다이고醍醐 히가시오오지마치東大路町에 있는 진언종 제호파醍醐派의 총본산 사원으로 개산조는 이원理源대사 쇼보聖宝입니다.

에이존은 11세 때에 다이고지 에이켄叡賢 밑에 있다가, 14세가 되자 요지츠榮實의 방房으로 이주하여 요지츠의 총애를 받았다고 합니다. 1217(建保 5)년 12월 중순에 에이존은 다이고지의 에소惠操대법사를 스승으로 출가하고 도다이지 계단에서 수계한 후 밀교를 배우기로 합니다. 이렇게 해서 에이존은 다이고지 소속의 밀교 전문 관승이 되었습니다. 하지만 에이존은 적적상승嫡嫡相承의 비법을 이어받은 대부분의 밀교승이 마도魔道에 떨어져 있는 것은 무슨 이유일까, 항상 궁금했습니다. 그러던 차에 홍법대사 구카이空海의 유계遺誡를 만나 전기를 맞이합니다. 34세 때였습니다.

그 유계에 의하면 "깨달음을 지향하는 마음을 일으키고, 깨달음의 경지를 지향하여 멀리 나아가기 위해서는 발이 없으면 진전할 수 없으니, 불도에서 계가 없으면 어찌 깨달음에 이를 수 있을까. 설사 목숨을 잃는다 해도 이 계를 범해서는 안 된다. 만약 일부러 범하는 자는 불제자가 아니다."라는 것이었습니다. 구카이에게 있어 계율의 호지는 불제자로서의 대전제였습니다. 에이존은 밀교승으로 출발했지만 밀교승이 마도에 떨어져 있는 모습을 보고 그 이유를 파계(불제자가 아닌 행위)에서 발견하고 올바른 불제자가 되려는 의식에서 계율 '부흥'을 지향한 것입니다.

바로 이 무렵, 도다이지 가이젠인戒禪院(후의 知足院)에 사는 손엔尊圓의 권진으로 사이다이지 보탑원寶塔院(東塔을 가리킴)에 6명의 지재승持齋僧(계율을 지키는 승려)을 두게 되었습니다. 이 이야기를 들은 에이존은 손엔을 방문하여 1235(嘉禎 원)년 정월 16일에 사이다이지 보탑원에서 살게 되었습니다. 이후 에이존은 가이뇨戒如, 가쿠쇼覺證, 고후쿠지의 엔세이圓晴 등의 강의를 듣고 계율 연학에 힘쓰며 지금까지의 생활이 계율에 반하고 있었다는 자각을 강하게 가지게 되었던 것 같습니다.

중세 다이고지醍醐寺의 남색 세계

　　에이존이 11세부터 15세까지 동자로 다이고지에서 생활했다는 점에 대해서는 이미 언급했습니다. 중세의 다이고지는 아름답게 핀 사쿠라 밑에서 동자가 화려하게 춤추며 장엄하는 사쿠라에櫻會로 널리 알려져 있었습니다. 사쿠라에의 정식 명칭은 세이료에淸瀧會이며, 다이고지의 진수鎭守인 시모다이고세이료구下醍醐淸龍宮의 법회입니다. 1118(永久 6)년 3월 13일에 시작하여 가마쿠라시대에는 매우 유명했습니다만, 남북조 시기에는 끊기고 말았습니다.

　　이 사쿠라에의 볼거리는 동자들의 춤입니다. 이 동자의 춤에 대해서는 신에게 바쳐진 성스러운 춤이라는 설도 있고, 승려들을 즐겁게 해주는 속된 춤이라는 설도 있습니다만, 여기서는 사쿠라에의 춤을 통해 엿볼 수 있는 다이고지의 관승 세계를 살펴보고자 합니다.

　　이 다이고 사쿠라에는 "동자를 주인공으로 하는 예능의 장소이자, 승려의 일상에 매몰되어 있던 동자를 둘러싼 성애의 세계가 표출하는 장소"였다고 평가되고 있는 바와 같이,[40] 요상하고 도착적인 요염함을 풍기며 춤추는 동자를 사랑하는 승려의 이야기가 많이 전해지고 있습니다.

다이고의 사쿠라에는 동자의 춤이 멋진 해가 있었다. 특히 겐운源運이라는 승려는 그 때 소장小將의 공公이라 하여 한 눈에 보기에도 뛰어나며, 춤 역시 다른 사람보다 훨씬 훌륭했다. 그를 우지宇治 뵤도인平等院의 소쥰宗順아사리가 보고 마음을 빼앗긴 것일까. 이튿날 소장의 공에게 구애하였다.

이 이야기는 《고금저문집古今著聞集》 권5 198단에 나오는 내용 일부를 의역한 것입니다. 이에 의하면, 겐운이라는 승려가 소장의 공이라 불릴 정도의 미남 동자였을 무렵, 사쿠라에서 춤을 잘 추었기 때문에 소쥰아사리가 한눈에 반해 와가和歌를 보냈다는 것입니다. 겐운은 12세기 중반 경에 다이고지의 좌주 겐카이元海 밑에 있던 다이고지 승려였습니다.

이와 같이 에이존이 동자로 생활하고 있을 무렵의 다이고지는 동자의 춤으로 유명한 사쿠라에로 알려진 절이었습니다. 소쇼의 예나 《고금저문집》 권5의 이야기로부터 추측되는 바와 같이, 다이고지에서도 승려들의 남색은 일반적이었으며 그 주된 상대는 동자였다고 생각됩니다. 이 때문에 11세부터 14세까지 에이켄 밑에서 살고, 14세부터 요지츠의 '총애'를 입었다는 에이존 자신도 적어도 남색 관계를 알 기회는 있었을 것입니다. 에이존이 지니고 있던 '파계승'의 이미지에 여범만이 아닌 남범까지 행하는 다이고지 승려들이 존재하였을 것이라는 점은 상상하기 어렵지 않습니다.

자서수계

에이존은 1236(嘉禎 2)년 7월에 고후쿠지 죠키인常喜院에서 우연히 가쿠죠를 만납니다. 이야말로 에이존의 계율 '부흥' 활동에 있어 획기적인 사건이었습니다. 이때 가쿠죠에게서 죠키인의 엔세이圓晴·우곤有嚴 두 동료와 함께 도다이지에서 자서수계自誓受戒할 것이라는 계획을 듣고 동참하겠다는 약속을 하게 됩니다.

여기서 자서수계에 관해 간단히 정리해 둡시다. 수계란 계율 호지를 맹서하는 의례를 말하는 것으로 통상 정규 승려(비구)가 되기 위해서는 《사분율》에서 설하는 250계율의 호지를 계율에 정통한 10명의 계사(3사 7증) 앞에서 맹서합니다. 이러한 계사 앞에서 계율 호지를 맹서하는 방식을 종타수從他受(계)라 하는데 비해, 계사가 아닌 불·보살로부터 직접 수계하는 방식을 자서수계라고 합니다. 이 자서수계는 《점찰경》등에 의거하고 있습니다만, 본래는 벽지에서 계사가 없는 등의 특별한 경우에 사용한 방식이었습니다.

　　가테이嘉禎 2년 9월에 이루어진 에이존, 가쿠죠 등 4명
의 자서수계에 의해 계율 '부흥'이 시작됩니다. 고작 계율 부
흥인가 라고 생각하기 쉽습니다만, 에이존 등의 자서수계는
보살계 수계이며 타자의 구제를 지향하는 실천가로서의 보
살을 위한 계로 자리매김하고 있는 점에 특징이 있습니다.
엔랴쿠지의 수계도 보살계입니다만, 관승 체제의 틀 안에서
의 보살계였기 때문에 앞서 서술한 부정 기피의 제약으로부
터 사회구제 사업 등을 실천하는데 있어 커다란 제약이 있었
습니다. 부정 타는 장소나 행위를 피해야만 했기 때문입니다.
훗날 에이존 등이 행한 한센병 환자 구제를 비롯한 눈부신 이
타행(타자 구제 활동)은 이 보살계의 자서수계를 기점으로 하고
있습니다.

　　자서수계한 4철哲 가운데 에이존은 사이다이지를, 가
쿠죠와 우곤은 도쇼다이지를, 엔세이는 후쿠인不空院을 '부흥'
시키게 됩니다만, 우곤은 나중에 계를 버렸다고 합니다. 이
자서의 4명은 고후쿠지 죠키인에서 계율에 따른 생활을 시작
하려 했습니다만, 고후쿠지와 바쿠후幕府 사이에 싸움이 일어
나려 했기 때문에 도다이지 기름 창고 주변에서 살게 되었습
니다. 9월 말에는 에이존 이외의 3명은 고후쿠지로 돌아가고

에이존은 사이다이지로 일단 돌아갔습니다만, 황폐가 심하여 결국 나라奈良의 가이류오우지海龍王寺에 살게 됩니다. 여기서 에이존의 계율 '부흥'이 시작되지만, 에이존의 활동을 못마땅하게 여기는 자도 있어 문 앞에 낙서를 하거나 승방에 활을 쏘기도 하여 1238(曆仁 원)년 8월 5일에는 사이다이지로 돌아갑니다. 이후 사이다이지를 거점으로 계율 '부흥' 운동이 시작됩니다.

사이다이지西大寺에서의 계율 '부흥'

도다이지와 쌍벽을 이룬 사이다이지를 아는 사람은 의외로 적을지도 모릅니다. 하지만 이름에서도 드러나듯이 나라시대에는 도다이지와 더불어 헤세이쿄平城京의 동서에 나란히 존재했던 거대 사원이었습니다. 764(天平宝字 8)년 후지와라노 나카마로藤原仲呂(惠美押勝)의 난 때, 쇼토쿠稱德천황이 승리를 기원하여 금동사천왕상의 조립을 발원한 것이 시작입니다. 창건 당초에는 고후쿠지(약 26만 평방미터) 등을 능가하는 31정町(약 52만 평방미터)의 광대한 부지에 사왕당四王堂·약사금당·미륵금당·십일면당·동서양탑 등이 나란히 들어선 장대한 사원이었습니다. 하지만 쇼토쿠천황 사후에는 급속히 쇠퇴하여 에이존이 돌아간 13세기 전반경의 사이다이지는 극도로 황폐했던 것 같습니다. 건물은 사왕당·식당·동탑(보탑원이라고도 함)이 남아있을 뿐 일찍이 소유하고 있던 사령장원寺領莊園도 36개소 중 27개소를 잃고 나머지 역시 유명무실한 상태였습니다.

에이존이 "목숨을 아끼지 말고 사이다이지에 머물며 불교를 일으키고 중생을 구제하자."라고 비장한 결의를 하고 입사했을 무렵, 사이다이지는 고후쿠지의 말사 가운데 하나로 고후쿠지 승려가 사이다이지 별당(절의 최고 책임자)을 담당하고 사왕당을 거점으로 삼고 있던 관승을 통괄하고 있었습니다. 사이다이지의 관승들 사이에서 에이존이 우세해진 것은 1278(弘安 원)년 7월 18일에 사이다이지의 별당 죠한乘範이 운영권을 에이존에게 건네준 후의 일입니다.

그런데 절에 들어간 지 얼마 지나지 않은 랴쿠닌曆仁 원년 10월 28일에 에이존은 사이다이지 결계結界를 실행합니다. 결계는 영역을 한정하여 청정화하는 것입니다. 계율에 의하면 승려는 그 속에서만 살아야 하며 포살 등의 여러 가지 의례도 그 안에서만 할 수 있습니다. 이 때문에 사이다이지가 창건되었을 때에도 결계는 이루어졌을 것입니다. 그럼에도 불구하고 결계를 했다는 것은 새롭게 절을 건립하는 것과 동등한 행위였다고 볼 수 있습니다. 여기서도 계율에 따른 생활을 하고자 했던 에이존의 견고한 의지를 읽을 수 있습니다.

그리고 결계한 다음 날에는 《사분율》의 계율에 비추어 자신의 행위를 서로 반성하는 사분포살을 행하고, 30일에는 《범망경》 하권에서 설하는 계에 비추어 범망포살을 하고 있습니다. 포살은 당시 관승 세계에서는 중단되어 있었습니다. 남색이나 여범이 당연하니 자신의 행위를 서로 반성하는 포살을 실행할 의미가 없었기 때문이겠지요. 그 때문에 에이존의 동지 가쿠죠는 여법(계율에 맞는)한 사분포살이 이루어진 것에 감격해서 눈물을 멈추지 못했다고 전해집니다. 계율 호지에 대한 강한 염원을 읽을 수 있습니다. 이 포살의례에 관해서는 나중에 한 번 더 언급하겠습니다.

이후 에이존 등은 절에 틀어박혀 있는 일 없이 흥법이생興法利生의 활동을 해 나갑니다. 즉, 계율에 근거한 불교를 일으키고 여러 가지 민중구제를 행한 것입니다. 1240(延応 2)년 3월에는 고제高弟인 닌쇼忍性도 에이존의 교단으로 들어갑니다. 이렇게 해서 점차 제자도 증가합니다. 앞서 서술한 바와 같이, 1244(寬元 2)년 2월에는 가쿠죠도 고후쿠지를 나와 도쇼다이지에서 계율 '부흥' 운동을 개시합니다.

간겐寬元 3년 정월에는 교키行基 탄생지를 절로 만든 이

즈미노쿠니和泉國 에바라데라家原寺 세이료인淸凉院(大阪府堺市)
의 주지 자리에 올랐습니다. 이야말로 에이존의 강렬한 교키
신앙을 보여줍니다. 교키(668~749)는 8세기 초에 사회사업·민
중교화를 위해 관승을 이탈했습니다. 이런 활동들은 '승니령'
에서 금지되고 있었기 때문입니다. 그는 길을 정비하고 다리
를 놓고 걸식자에게 식사를 제공하는 등의 구제 활동을 계속
했습니다. 단, 후에는 도다이지 대불 수조修造를 위해 대권진
大勸進에 임명되고, 이러한 활동이 공인되어 다시 관승으로 돌
아가게 됩니다. 그러나 교키의 활동은 보살비구의 활동으로
서 에이존의 모델이 되었습니다. 에이존은 다리·연못·도로의
구축·정비 등의 사회사업 실행과 더불어 교키와 연고가 있는
사원의 부흥을 위해서도 애썼습니다.

　　또 간겐 3년 9월 13일, 에이존은 가쿠죠 등과 함께 계사
가 되어 에바라데라에서 도합 26명에게 별수를 행하였습니
다. 이 수계 역시 계율의 원칙에서 본다면 이례적인 일이었습
니다. 왜냐하면 별수의 계사가 될 수 있는 것은 수계 후 10년
이상 지난 정식 비구여야 하는데, 에이존 등이 자신들의 수계
授戒 출발점으로 삼은 1236(嘉禎 2)년 9월부터 간겐 3년 9월까
지는 9년밖에 되지 않아 10년을 못 채우고 있기 때문입니다.
하지만 가쿠죠와 에이존은 설사 10년을 채우지 못했다 해도

이타를 위해 수계해야 한다고 하며 독자적인 별수 수계를 에바라데라에서 실행한 것입니다. 즉, 도다이지 계단과 동일한 방식의 수계를 공공연하게 행했다고 할 수 있습니다. 이 때문에 남도의 관승들로부터 도다이지 계단에서의 수계를 무용화하는 자라는 비난이 일어납니다.

흑의黑衣의 지계승

에이존과 그 제자들은 검은 옷을 입고 있었기 때문에 흑의방黑衣方이라 불렸습니다. 한편, 관승은 백의방白衣方이라 불리게 됩니다. 이는 옷 색깔의 차이에 기인합니다만, 둔세승의 흑의 착용 역시 하나의 특징이었습니다. 요컨대, 가마쿠라 신불교 승단의 다른 조사와 마찬가지로 에이존 등도 둔세승이었던 것입니다.

수입·신분 모두 나라에서 보증하는 안정된 관승 신분을 버리고 둔세하는 것은 대단한 일이었습니다. 유복한 출신의 승려는 다를지 몰라도, 대부분은 먹고 살기 위해 걸식을 해야 했습니다. 에이존 등도 걸식하러 나갔습니다. 나중에는 사회에 받아들여져 희사가 이루어지고 교단으로 인정받게 됩니다만, 그들은 비장한 각오로 둔세한 것입니다. 이렇게 해서 둔세한 에이존 등은 관승의 신분일 때는 제약받았던 사회 사업이나 한센병 환자 의 구제, 장송葬送 종사 등의 여러 활동에 종사할 수 있게 됩니다.

에이존 교단의 발전

에이존은 제자들을 각지로 파견했습니다. 예를 들면, 닌쇼忍性는 1252(建長 4)년에 관동으로 하향하고, 같은 해인 12월 4일에는 히타치미常陸三마을(츠쿠바시 小田)로 들어갑니다. 10년 동안 이곳에 머문 후 가마쿠라로 옮겨 고쿠라쿠지極樂寺를 거점으로 한센병 환자 등의 구제에 매진하고, 가마쿠라 바쿠후의 중요 인물도 신자로 삼아 에이존 교단의 대발전의 기초를 쌓은 것입니다. 저는 이러한 닌쇼를 가마쿠라판 마더 테레사라고 생각하고 있습니다.

특히 에이존 교단 발전의 전환점을 이룬 것은 1262(弘長 2)년 2월 4일부터 8월 15일까지 이루어진 에이존의 관동 하향을 들 수 있습니다. 필시 닌쇼를 통해 스승 에이존의 명성을 들었을 호죠 사네토키北條實時 등은 에이존의 가마쿠라 초빙을 기획하고, 이에 집권자 호죠 도키요리北條時頼도 찬동했겠지요. 에이존은 거의 반년여 동안 가는 곳마다 계를 주었습니다. 예를 들어 2월 14일에는 오와리尾張의 쵸보지長母寺에서 상주승 33명과 재가자 197명에게 수계하고 있습니다. 다음 15일에는 열반강涅槃講(석가의 죽음을 한탄하고 추모하는 법회)과 범망포살(《범망경》 하에서 설하는 58계의 호지를 반성하는 회)을 행하여 결연자結緣者가 3,077명에 이릅니다. 이와 같이 에이존의 관동 하향은 도카이도東海道 방면을 향한 에이존 교단의 포교 활동의 한 날개가 되었습니다. 가마쿠라에는 2월 27일에 들어갔으며, 한센병 환자를 비롯하여 호죠 도키요리 등 많은 사람들에게 계를 주는 등의 포교를 했습니다. 특히 한센병 환자 등의 병자가 수용되어 있던 '히덴인悲田院'에 닌쇼와 라이겐賴玄을 보내 식사를 제공하고 10선계를 주었습니다. 10선계란 대승소승의 여러 경론에 널리 설해지고 있는 계로 불살생·불투도·불사음·불망어·불양설·불악구·불기어·불탐욕·불진에·불사견이라는 비교적 호지하기 쉬운 계입니다.

　이상과 같이 에이존의 반년 남짓한 관동 하향은 대성공으로 끝나고 점차 가마쿠라 바쿠후와 강한 결속을 다지게 됩니다. 그 결과 1298(永仁 6)년에는 사이다이지 이하 34군데 절이 장군가의 기도 절이 되는 등 율승들은 바쿠후의 '관승'으로 변해가게 됩니다. 이와 같이 에이존의 관동 하향은 교단의 전개, 특히 가마쿠라 바쿠후와의 결속에 있어 전기를 마련한 일입니다. 또한 에이존 등은 가마쿠라 바쿠후에게만 공인된 것은 아닙니다. 조정으로부터도 존경 받았습니다. 특히 분에이文永의 역役(1274년)·고안弘安의 역(1281년)때에는 에이존의 기도가 몽고군을 퇴산시켰다 하여 크게 이름을 떨칩니다.

신의율종新義律宗

이상과 같은 에이존·닌쇼 등의 율종은 둔세승으로서의 새로운 활동이며, 율학을 연구하는 관승의 남도6종의 율종과는 크게 다르므로 저는 '신의율종新義律宗'이라 부르고 있습니다. 에이존 등은 사이다이지·가이류오우지海龍王寺(모두 奈良市)·에바라지家原寺(堺市)·죠쥬지淨住寺(京都市)·고쿠라쿠지極樂寺(鎌倉市) 등에 독자적 교단의 승사계단僧寺戒壇을 성립시켰습니다. 홋케지法華寺(奈良市)에 비구니 계단을 수립한 것에 대해서는 후술하겠습니다.

이러한 에이존 교단은 그 계통을 잇는 교단이 현재는 우세하지 않기 때문에 돌아보는 일도 적었습니다. 하지만 에이존 시대에는 신자수가 10만을 넘고 말사도 1,500개나 되는 등 가마쿠라·남북조시대를 대표하는 교단 중 하나였다는 점은 힘주어 강조해 두고 싶습니다.

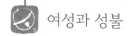 여성과 성불

비구니 계단

앞서 서술했습니다만, 여성 불교신자는 재가자는 우바이, 출가자는 사미니·식차마나·비구니의 계층이 있었습니다. 사미니와 식차마나는 추니雛尼입니다. 비구니야말로 정식 출가자이며, 식차마나는 2년 동안 수행한 후 비구니 계단에서의 수계를 거쳐 비구니가 될 수 있었습니다. 여성과 계율의 관계에 관해서는 비구니 수계장인 비구니 계단의 문제가 중요합니다. 왜냐하면 제1장에서 서술한 바와 같이 도다이지 계단·엔랴쿠지 계단과 같은 고대의 국립 계단에서의 수계 제도에서 여성은 배제되고 있었기 때문입니다. 단, 후지와라노 미치나가藤原道長의 딸인 쇼시彰子에 의해 호죠지法成寺에 비구니 계단이 만들어졌지만, 호죠지 비구니 계단은 쇼시만을 위한 일시적인 것이었다고 생각된다는 점에 대해서는 이미 서술한 바와 같습니다.

그런데 가마쿠라시대가 되면 에이존 등의 노력으로 나라의 홋케지法華寺가 에이존 교단의 율사律寺로 재흥되고 홋케지에 비구니 계단이 수립됩니다. 그리고 이후 이 계단에서 비구니에 대한 수계가 이루어지게 됩니다. 이로 인해 홋케지 비구니 계단의 수립은 일본 불교사상 쾌거라고 할 만한 획기적인 사건입니다. 조금 구체적으로 보겠습니다.

홋케지法華寺 비구니 계단의 성립

홋케지는 현재도 나라시 홋케지 마을에 있는 진언율종 사원입니다. 나라시대에는 일본의 총 고쿠분지였던 것으로 알려져 있습니다. 정식으로는 홋케메츠자이노데라法華滅罪之寺라고 합니다. 본존은 가이키開基의 고묘光明황후를 모델로 삼았다는 십일면관음입니다. 홋케지 땅에는 원래 후지와라노 후히토藤原不比等의 저택이 있으며, 후히토의 사후에 딸 고묘시光明子, 훗날 고묘황후가 이를 상속하여 황후궁으로 했습니다. 745(天平 17)년에 황후궁을 절로 만든 것이 홋케지의 시작입니다. 여기가 야마토국의 고쿠분니지, 일본의 총 코쿠분니지로 자리매김하게 된 것은 747(天平 19)년경부터입니다. 요컨대 고묘황후의 저택이 비구니절이 되고 관사가 되었던 것입니다. 그러나 헤이안 천도 이후에는 쇠퇴해 간 것 같습니다.

에이존은 1245(寬元 3)년 4월 9일 홋케지에서 3명에게 사미니계를 준 것을 시작으로 점차 비구니를 양산해 갑니다. 1247(寶治 원)년에는 홋케지에서 〈비구니초比丘尼抄〉를 강의하고, 12월 23일에는 11명에게 식차니계를 주었습니다. 1304(嘉元 2)년에 성립했다고 하는 《법화멸죄사연기法華滅罪寺緣起》에서는 '신명을 버리고 율법을 흥행'시킨 비구니들은 쇼에보지젠聖惠房慈善 등 모두 16명이라고 되어 있습니다만, 에이존의 자전 《금강불자예존감신학정기金剛佛子叡尊感身學正記》(1286년 2월 성립, 이하 《학증기》라고 생략한다)에 의하면, 당초에는 12명의 비구니였던 것 같습니다. 지젠慈善 등 대부분은 원래 궁 안에서 일하던 여관들이었습니다. 그리고 결국 1249(建長 원)년 2월 6일에는 홋케지에서 앞의 지젠 외 12명에게 비구니계를 주었습니다. 에이존의 자전 《학증기》에는 "여기 일본국에 여법한 수행 7중이 모였다."라고 자랑스럽게 적혀 있습니다. 7중이란 본서 제1장의 표1에서 제시한 비구·비구니·식차마나·사미·사미니·우바새·우바이라는 일곱 계층의 불교신자를 말하는 것으로, 일본에서는 비구니가 가장 나중에 성립했습니다.

단, 식차마나의 기간은 2년 동안이라고 정해져 있습니다만, 그녀들에게는 2년 미만으로 비구니계를 주었습니다. 에바라지家原寺에서 이루어졌던 비구에 대한 최초의 수계와 마찬가지로 변칙적인 수계였다는 점은 부정할 수 없습니다.

이후 이 겐쵸建長 원년에 수계한 비구니들이 핵심이 되어 가마쿠라의 치소쿠니지知足尼寺, 가와치河内의 도묘지道明寺, 교토의 도린지東林寺나 고다이지光台寺 등의 비구니절이 형성되어 간 것입니다. 이와 같이 홋케지 비구니 계단의 수립에 의해 정식 율니律尼가 다수 생산되어 갔습니다. 덧붙이자면 최초의 비구니 중 한사람인 지젠은 에이존 교단 하의 홋케지 초대 장로가 되었습니다.

비구니들의 수계

그런데 비구니 수계 제도와 관련해서 주목해야 할 점은 비구니절에서 수계한 후 비구절에서 다시 수계하는, 말하자면 두 단계에 걸친 수계가 필요했다는 사실입니다. 예를 들어 홋케지 비구니들은 홋케지 비구니 계단에서 십사(3사7증) 비구니 앞에서 수계한 후, 사이다이지 계단에서 십사 비구 앞에서 다시 수계했습니다. 계율 용어로 표현한다면, 식차마나는 비구니 계단에서 수계하면 본법위本法位가 되고, 비구절 계단에서 수계함으로써 비로소 비구니가 되는 것입니다. 1285(弘安 8)년에는 야마토타츠大和辰시의 쇼보니지正法尼寺의 비구니 12명이 홋케지에서 수계 후 도쇼다이지 계단에서 수계하고 있습니다.

비구와 마찬가지로 비구니 수계자에게도 계첩이라는 증명서가 발급됩니다. 츄구지中宮寺 문서에 가쿠뇨覚如비구니가 1319(文保 3)년에 모 절 서금당西金堂 계장에서 구족계를 받았다는 문서가 있지만, 단편을 이어붙인 것이므로 계첩의 형식이 분명하지 않습니다. 다음 사료는 에도 시대의 사본이기는 하지만, 계첩의 형식은 엿볼 수 있습니다.

法華寺

大姉老年長老高慶律師

道明寺

大姉長榮律師

道明寺

大姉照圓律師

道明寺

大姉長專律師

道明寺

大姉長圓律師

道明寺

大姉長運律師

法華寺

大姉秀尊律師

道明寺

大姉照海律師

法華寺

大姉英信律師

道明寺

大姉照蓮律師

式叉尼秀尊稱首和南, 大姉足 □

조용히 생각하옵건대,……그저 슈손秀尊, 원인을 품고
다행스럽게도 법문을 만날 수 있어……지금 쇼토쿠正德
3년 3월 20일을 기하여 홋케메츠자이지法華滅罪寺 강당
계장에서 본법위本法位를 명확히 하고, 사이다이지西大
寺 계장에서 구족계를 받으니 엎드려 원하옵건대 대자
大姉는 자비롭게 구제하시어 소인을 돌아보소서.

正德3년 3월 20일

화상니

전등대법사위 高慶

戒壇堂達

전등대법사위 智秀

이에 의하면, 1713(正德 3)년 3월 20일 식차니인 슈손秀尊이 홋케지 비구니 계단에서 비구니 3사 7증 앞에서 수계하여 본법위가 되고, 또한 사이다이지(비구절) 계단에서 구족계를 수계하여 비구니가 되었음을 알 수 있습니다. 또한 이 두 단계의 수계가 같은 날 이루어졌음도 알 수 있습니다. 비구니 십사의 이름은 계첩에 기록되고 비구 계사의 기명은 없습니다. 다른 기록 등과 합쳐 추측해보면, 비구절 계단에서도 비구니와 비구가 함께 각각 십사가 출석하여 교수한 것 같습니다만, 계첩의 형식상 비구 계사의 이름은 기록되지 않은 모양입니다.

계첩은 받는 측이 준비하고 계사의 이름이나 서약문은 미리 기록한 것을 제출했습니다. 계사가 허가의 증표를 직필로 붙이면 비로소 유효해지는 것입니다. 이 사료는 허가되기 전의 계첩 사본이므로 여기에는 아무런 증표도 붙어 있지 않습니다만, 실제 계첩에는 '부聶'(참가했다는 의미) 등이 보였다고 추측됩니다.

비구니에 대한 정법관정

계의 문제에서 조금 벗어납니다만, 에이존 등은 비구

니들에게 정식 수계의 길만을 열어주었던 것은 아닙니다. 비구니에 대한 전법관정傳法灌頂이라는, 밀교에서 오의奧義를 다했음을 보여주는 의례도 비구니에게 인정하며 정식 밀교니密敎尼를 생산해 갔습니다. 물론 그 숫자는 남성에 비하면 적습니다만, 밀교수행자에게 있어 결정적으로 중요한 이 의례는 지금까지 여성은 배제당하고 있었다는 점에서 소수라 해도 비구니에게 인정한 것은 중요합니다.

당시 여성은 '오장五障'을 지닌 존재로 생각되고 있었습니다. 아무리 정진해도 부처·전륜성왕·제석천·마왕·범천이라는 다섯 가지 지위에 오를 수 없는, 요컨대 부처가 될 수 없는 존재로 생각되었습니다. 이 때문에 죽어서 남자가 되어 성불한다는 전여성불설轉女成佛說이 일반적이었던 것입니다. 에이존 등도 여인오장설의 입장을 취하고 있었습니다만, 전법관정을 받은 여성은 오장이 사라진다고 생각하고 있던 점도 주목됩니다.

덧붙이자면, 니치렌은 여인오장설의 입장이 아닌 여인성불을 설했습니다. 나무묘법연화경을 읊으면 여자의 몸 그대로 성불할 수 있다고 한 것입니다. 가마쿠라 신불교는 여성구제의 면에서도 큰 진전을 이루었습니다만, 대부분의 조사들이 여인오장설을 전제로 여성의 구제를 생각하고 있던 것과는 대조적입니다.

또한 비구니절이라고 하면 교토의 케이아이지景愛寺,
가마쿠라의 도케이지東慶寺라는 선종의 비구니절이 잘 알려
져 있습니다. 이 역시 선종이 진지하게 여성 구제를 생각하고
있었음을 보여주는 것이며, 예를 들어 도겐은 출가해서 좌선
수행을 하면 여성이라도 성불할 수 있다고 설했습니다.

이상과 같이 에이존 등도 홋케지 비구니 계단을 수립
하여 비구니들에게 정식으로 수계하고, 또한 비구니에 대한
전법관정을 행하여 여성성불의 길도 열어갔습니다.

계율 부흥을 사람들에게 널리 전하다

살생금단

에이존·닌쇼 등에 의한 계율 부흥 운동은 단지 승려 자신이 계율을 호지하는 것에 멈추지 않고 사회에 대해서도 계율 호지를 구하는 운동이기도 했습니다. 그 중 가장 대표적인 것이 살생금단 운동입니다. 일정한 영역에 한하여 그 영역 안에서 살생을 금지시켰던 것입니다.

《사분율》의 비구 불살생계가 살인을 바라이죄로 하고 참회해도 용서받지 못하는 승단 추방의 중죄로 삼고 있는 것에 대해서는 서두에서 서술한 바와 같습니다만, 참회하면 용서받지만 사람 이외의 동물 등을 죽이는 것도 금하고 있습니다. 예를 들면, 불살축생계不殺畜生戒가 그 중 하나입니다. 또한 다음과 같은 불굴지계不掘地戒도 있습니다.

만약 비구 스스로 손을 사용하여 땅을 파거나, 다른 사람으로 하여금 파게한다면 바일제이다.

이 계는 땅을 파는 것은 땅 속의 생물을 죽이는 결과가 되므로 승려에게 금지한 것입니다. 다른 사람에게 명령하여 하게 하는 것도 금지하고 있었습니다. 바일제란 죄의 종류를 나타내는데, 4명 이하의 승려 앞에서 참회해야 하는 죄입니다. 이로 인해 승려는 농업이나 토목사업을 하는 것을 꺼렸습니다.

또한 에이존 등이 중시한 《범망경》의 보살계에서는 보다 엄격히 규정하고 있습니다.

부처님이 말씀하시기를 불자여, 스스로 죽이거나 다른 사람으로 하여금 죽이게 하거나, 죽이는 것을 찬탄하고, 살인을 행하는 것을 보고 기뻐하고, 혹은 저주하여 죽인다면, 살인의 인因·살인의 연緣·살인의 법法·살인의 업業이 있다. 일체 생명 있는 것은 고의로 죽여서는 안 된다. 보살은 상주의 자비심·효순심을 일으키고 일체 중생을 구호해야 한다. 그런데 스스로 마음을 방자히 하여 즐겨 살생한다면 이것은 보살의 바라이죄이다.

이는 《범망경》 제1중계입니다만, 여기서는 불살생계를 들어 사람뿐만 아니라 고의로 일체의 생물을 죽이는 것도 바라이죄로 엄하게 금하고 있습니다.

또한 《범망경》 제10경계에서는 다음과 같이 살생을 위한 모든 도구의 소유를 금지하고 있습니다.

> 너희들 불자여, 모든 칼과 몽둥이·활과 화살·창과 도끼·투전 도구를 비축해서는 안 된다. 또한 그물·살생을 위한 구덩이 등 일체를 비축해서는 안 된다.…….

또한 《범망경》 제20경계에서는 윤회전생 중에는 무엇으로 다시 태어나도 이상할 것 없으며, 세계를 구성하는 지수화풍은 자기 자신이므로 거기에 사는 모든 생물을 죽여서는 안 된다고 하여 방생(잡은 물고기나 새 등을 놓아주는 것)을 권장하고 있습니다.

> 너희들 불자여, 자심慈心으로 방생해라. 일체 남자는 내 아버지, 일체 여인은 내 어머니이다. 나는 세세생생 이것에 의해 생을 받지 않는 일이 없다. 때문에 육도 중생은 모두 내 부모이다. 그 때문에 죽여서 먹는 것은 곧 부모를 죽이고 내 몸도 죽이는 일이다. 모든 지·수는 나의 이전 몸이며, 모든 화·풍은 나의 본체이다. 때

문에 항상 방생을 하고, 세세생생 생을 상주의 법에 따라 다른 사람을 가르쳐 방생하게 해라. 만약 세상 사람이 축생을 죽이는 것을 보았을 때는 어떻게 해서든 구호하고, 그 고난을 풀고, 항상 교화하여 보살계를 강설하고 중생을 구해라.……

《범망경》은 자비·이타를 보살비구의 심수心髓로 삼았기 때문에 살생을 금하고, 그 도구의 보유를 금지하고, 생물을 풀어줄 것을 권하고 있는 것입니다. 이러한 계를 사회적으로도 호지시키고자 살생을 직업으로 하는 사람들에 대해서도 살생을 금지하는 운동이 일어나게 됩니다.

에이존의 사적事蹟 목록인 〈시엔상인도인행법결하기 思圓上人度人行法結夏記〉에 의하면, 1,365군데에서 살생금단을 인정하도록 하고 있습니다. 살생금단이란 영역을 한정하여 그 안에서 사냥이나 낚시 등을 금지하는 것입니다만, 이 경우 영주가 벌칙문을 첨부한 서장誓狀을 에이존에게 제출하는 행동이 불교적인 작선 행위의 일환으로 행해진 것입니다.

이 만큼 광범위하게 또한 다수 지역에서 살생금단이 사회적으로 인정받았다는 것 자체가 계율 부흥에 대한 사회적 기대의 표현이라고 할 수 있습니다. 여기서는 에이존이 행

한 살생금단 활동 중에서도 대표적인 우지宇治에서의 살생금
단을 예로 들어 보겠습니다.

우지宇治의 13층탑

교토후府 우지시의 우지강에 설치된 우지교는 고대에
는 일본 3대 다리 가운데 하나로 거론될 정도였습니다. 또한
《헤이케 모노가타리平家物語》에서는 헤이케 타도를 걸고 군사
를 일으킨 미나모토노 요리마사源賴政와 추토군追討軍과의 교
합전 장소로도 알려져 있습니다. 다만 현재는 우지라고 하면
우지차茶가 유명합니다.

게이한우지京阪宇治역에서 내려 우지교를 오른쪽으로
보면서 강을 따라 걸어가면, 곧 하시데라호쇼인橋寺放生院이라
는 절이 있습니다. 호쇼인은 하시데라라는 이름대로 우지교
를 지키는 절, 관리 유지하는 절이었습니다. 그 문 앞을 지나
조금 걸어가면 강의 중간쯤 거대한 13층탑이 보입니다. 이 석
탑은 5척(15미터)을 넘는 일본 최대의 석층탑으로 에이존이 건
립한 것입니다. 석층탑에는 명문이 있어 에이존이 우지교의
건조를 기념함과 동시에 우지강에서의 살생금단 활동의 기
념비로 건설되었음을 알 수 있습니다.

에이존은 1281(弘安 4)년 4월 20일에 뵤도인平等院 승려들의 요청으로 우지를 방문했습니다. 21일에는 하시데라에서 당堂공양을 행하고, 24일에는 미무로도데라三室戶寺에서 82명에게 수계와 탑 공양을 행하고, 25일에는 뵤도인 죠로쿠도丈六堂에서 804명에게 수계하고 방생회를 했습니다. 에이존의 자전《학정기學正記》에 의하면, 그 방생회에서 망網 60, 전筌 15를 태워버리고 살아있는 잉어 30마리를 놓아주었다고 합니다. 망이나 전은 낚시도구의 일종이므로 이것들을 태움으로써 살생금단의 결의를 보여준 것이겠지요.

이 뵤도인 행사 때 뵤도인의 승려들은 에이존에게 고대의 간고지元興寺 승려인 도토道登·도쇼道昭가 했던 다리 만들기, 도다이지의 승려 간리觀理·츠쿄通慶가 했던 수리의 예를 본받아 우지교의 수리를 요청했습니다만, 이때는 '할 수 없다'고 대답했던 것 같습니다. 그러나 에이존은 이를 계기로 우지교의 수리와 우지강에서의 살생금단 활동을 생각해 내고, 이후 가메야마龜山상황 등에게 서원을 해 간 것 같습니다. 그리하여 고안弘安 7년 정월 21일에 가메야마상황으로부터 우지강에서의 아지로網代(물고기를 잡는 장치) 정지를 인정받자 동시에 우지교의 건조에도 착수하여 고안 9년 11월 19일에는 우지교 낙성기념 식전이 고부카쿠사後深草·가메야마 양 상황의 임석 하에 이루어집니다.

이렇게 해서 우지강에서의 살생금단과 우지교의 가교라는 에이존의 바람은 달성되었습니다. 그리고 우지강에서 어업으로 생계를 꾸리고 있던 사람들을 위해 대신 포목을 바래는 일을 가르쳤다고 합니다. 필시 다른 살생금단 지역에서도 살생을 대체하는 일을 주었다고 생각됩니다. 그러나 가마쿠라시대 유이가하마由比ヶ浜(神奈川현 가마쿠라시)의 살생금단에서는 어부에게 어업을 인정하는 대신에 에이존 교단에 대한 기부를 요구한 예도 있습니다. 이것은 앞서 엔랴쿠지가 술집을 통제하고 있던 것과 마찬가지로 기부라는 작선에 의해 불살생계의 범계를 속죄한다는 것이겠지요.

에이존 교단의 경우에는 기부금을 전국의 자선사업에 썼습니다만, 새로운 세 부담이라고 비판받았던 것도 분명합니다. 불살생계를 엄격하게 지키는 일은 어업이나 사냥 등을 직업으로 하고 있던 사람들에게는 중대한 일이었습니다. 에이존 등의 무렵에는 계율 부흥에 기대를 걸고 따랐지만, 세상은 전란의 시대로 들어가고 불살생계는 현실과 동떨어지게 되었던 것 같았습니다. 이후 점차로 의식으로서의 방생회에 머물게 됩니다.

닌쇼忍性의 사회사업

그런데 에이존의 제자인 닌쇼(1217~1303)의 경우, 가마쿠라의 한센병 환자의 구제만으로 이름을 날렸던 것은 아닙니다.《성공대덕보性公大德譜》라는 닌쇼의 전기에서는 닌쇼를 다음과 같이 총괄하고 있습니다.(번역문)

풀로 만든 가람은 83군데, 154개의 어당御堂을 공양, 결계한 사원은 79, 건립한 탑파는 20기로, 25기의 탑파를 공양·서사시킨 일체경은 14장藏 있으며, 지장보살을 그려 남녀에게 준 숫자는 1,355, 중국으로부터 초래한 율 3대부가 186세트, 계본을 모사하여 승니에게 준 수가 3,360권, 마의馬衣 및 흰 천을 비인非人(한센병 환자들)에게 합계 3만 3천령 주고, 수전水田 180정을 사원 등 32개소에 기진, 가교 189군데, 길을 만든 곳이 71군데, 33군데에 연못을 파고 63군데에 살생금단을 행하고, 욕실·병실·비인소를 5군데 만들어 쉬게 했다.

닌쇼의 이들 사적 가운데 다리가 189군데, 길을 만든 곳이 71군데, 연못을 판 곳이 33군데라는 것은 크게 주목됩니다. 교키의 활동을 모델로 가교, 도로 정비, 연못이나 우물을 파는 등의 사회 노목 사업을 적극적으로 행한 것은 에이존 교단 전체에 걸쳐 말할 수 있는 일입니다만, 이 행위는 앞서 서술한 바와 같이 계율을 범하는 것입니다. 계율에서는 승려의 토목 사업을 금지하고 있으며, 다른 사람에게 명하여 토목 사업을 하는 것도 금지하고 있었습니다. 이 때문에 파계 행위라고도 할 수 있습니다만, 아마 에이존 교단은 자비를 위해 파계를 두려워하지 않고 참회하면서 이타행에 매진하고 있던 것이겠지요. 설사 자신은 성불할 수 없어도 타자의 이익이 되는 파계라면 어쩔 도리 없다며 끊임없이 보살행에 투철하고 있었다고 생각됩니다.

에이존 교단의 계율관

그러나 역시 계율이라 하면 마치 승려의 활동을 제약하는 것으로 생각하기 쉽습니다. 따라서 율승들이 계율을 어떻게 생각하고 있었는지 보겠습니다. 〈엔묘지엔기圓明寺緣起〉에 근거한 다음 사료〈의역〉는 크게 참고가 됩니다.[41]

가쿠죠覺乘는 에이존의 제자〈손제자인가〉 가운데 한 사람으로 에이존이 이세(伊勢)의 고쇼지興正寺(폐사, 현재의 이세시 楠部에 소재)에서 받은 이세신궁의 신의 계시에 의해 엔묘지圓明寺(폐사, 현재의 三重縣 津시에 소재)에 살게 되었다고 합니다.

어느 날 가쿠죠는 엔묘지로부터 이세신궁으로 100일 동안 참배하는 서원을 세웠습니다만, 결원結願의 날에 죽은 여행자를 만나 장송의 도사導師를 담당하게 되었습니다. 장송 후 미야가와宮川의 경계에서 한 노인이 "당신은 지금 장송을 행하고 죽음의 부정으로 오염되어 있는데 신궁에 참배하려 하는 것은 어찌된 일입니까?"라고 질책했습니다. 이에 대해 가쿠죠는 다음과 같이 대답합니다. "청정한 계는 오염이 없습니다. 그런데도 엔묘지로 돌아가라고 하시는 겁니까?" 이 문답이 채 끝나지 않았을 때 백의의 동자가 어디선가 나타나 "엔묘지에서 온 자는 부정 타지 않았다."라고 말한 후 그림자처럼 사라졌다고 합니다.

도다이지 등의 관승의 경우, 장송에 관여한 자는 사예에 오염되었다 해서 신사 등에 임하기 위해서는 30일 동안 근신해야 할 필요가 있었다는 점에 대해서는 앞서 서술했습니다. 그런데 이 사료에 의하면 율승 가쿠죠의 경우 '청정한 계는 오염이 없다'는 논리로 사예를 두려워하지 않고, 엄한 금기가 요구되는 이세신궁까지 참예參詣한 것입니다. 그들은 율승으로서 엄격하게 계율을 지키는 생활을 하고 있었기 때문에, 이것이 장벽이 되어 더러움으로부터 보호받고 있다고 생각하고 있었음을 알 수 있습니다. 계율을 지키는 자는 사회적인 구제 활동에 있어 저해 받지 않는다고 생각한 것입니다. 앞서 든 사료에서는 이런 주장을 이세신궁의 신도 인정한 것으로 되어 있습니다.

《발심집發心集》,《사석집沙石集》이라는 설화집에는 신사에 참예하려 생각한 승려가 참예 도중 젊은 여자에게 모친의 장송을 부탁받아 장송을 인수한 후에 참예하려 하자 고신타이御神體가 나타나 칭찬한다는 유형의 설화가 있습니다. 따라서 가쿠죠의 이야기 역시 하나의 변형이라고 할 수도 있습니다만, 중요한 것은 가쿠죠 개인의 더러움이 무無로 되었을 뿐만 아니라 '엔묘지에서 오는 자'라는 식으로, 이른바 에이존 교단의 승려 집단이 부정 타지 않았다고 생각되고 있는 점입니다. 즉, 에이존 교단의 율승 전체가 '청정한 계는 오염이 없다'는 논리로 더러움의 터부로부터 자유로웠음을 보여주고 있는 점이 중요합니다. 또한 설화 등에 이런 유형이 보이는 것이야말로 신불습합 시대에 승려가 장송에 종사하면서 더러움의 근신 기간을 지키지 않고 신사에 참예하는 것은 터부였음을 역으로 보여주는 것이라고 할 수 있습니다.

'청정한 계는 오염이 없다', 이른바 율승들은 관승들이 얽매여 있던 사예死穢라는 터부를 극복하고, 이를 조작하는 획기적인 논리를 주장하고 있었던 것입니다. 또한 이것은 사예 이외의 비인非人 구제 등, 더러움과 관련될 위험이 있다고 생각되었던 활동에 율승들이 교단으로서 종사해 가기 위한 논리이기도 했던 것입니다.

포살을 공유한 중세의 율승

1334(建武 원)년 8월 교토 니죠가와라二条河原에 세워진 낙서, 즉 '니죠가와라노라쿠쇼二条河原落書'에는 당시 수도였던 헤이안쿄平安京에서 유행했던 것 가운데 하나로서 추종追從, 참인讒人과 나란히 선승·율승이 거론되고 있습니다. 겐무建武 원년 8월이라면, 고다이고後醍醐천황에 의한 겐무신정新政이 발족하여 거의 1년이 지났을 무렵으로, 이 낙서는 겐무 정권의 실태와 모순을 파헤치고 있습니다만, 관승 신분에서 이탈한 율승이 권력과 보다 밀착하여 새로운 '관승'이 되었음을

풍자하고 있습니다.

죠케이의 계율 부흥 운동을 거쳐 가쿠죠나 에이존·닌쇼 등의 노력으로 크게 날개를 편 율승들은 관승 신분으로부터의 일탈을 통해 관승의 제약에서 자유로워지고 지계의 힘에 의해 반대로 공식적으로 양 정권으로부터 주목받는 존재가 되어 갔습니다. 그리고 권력과 결부해 갔던 것입니다. 예를 들면, 고다이고천황의 도막倒幕 계획의 성공을 시도하여 겐무의 신정권에서 고다이고천황의 측근이 된 오노小野의 몬칸文觀도 그 가운데 한 사람입니다. 평가는 나뉩니다만, 이 외많은 율승이 정치에 관여하여 활약하고 있었습니다.

당시의 율승들은 나라의 사이다이지, 도쇼지, 교토의 센뉴지泉涌寺라는 크게 세 개의 거점 사원을 가지고 있었으며, 사이다이지 계통은 에이존의 제자들이, 도쇼지 계통은 가쿠죠의 제자들이, 센뉴지 계통은 슌죠俊芿의 제자들이 발전시켜 갔습니다. 그러나 당시의 율승들이 율승으로서의 일체감을 공유하고 있던 점은 주목됩니다. 그것은 중세 도쇼지의 부흥이 사이다이지 에이존의 협력에 의해 이루어진 것에도 기인합니다만, 가까이 사는 율승들이 포살을 공동으로 실행하고 있던 것에 기인하는 것 같습니다.

되풀이합니다만, 포살행사는 승려들이 결계된 성스러

운 장소에 보름마다 모여 과거 보름 동안의 행위를 반성하고 죄 있는 자는 고백 참회하는 모임을 말합니다. 승려는 반드시 참가해야만 했습니다. 일본의 경우 고대에는 실행되고 있었던 것 같습니다만, 언제부터인지 잊혀져 갔습니다. 그 포살행사를 1238(曆仁 원)년 10월 29일에 에이존이 부활시킨 것에 대해서는 이미 서술했습니다. 이를 계기로 홋케지나 이와시미즈 하치만구石清水八幡宮 등에서도 포살이라는 의례를 율승이 서로 공유하게 되었습니다. 이것이 인간관계의 네트워크 형성의 계기가 되었던 것 같습니다.

예를 들면, 가나자와金澤의 쇼묘지稱名寺의 초대장로인 신카이審海는 도쇼지 계통의 율승이었습니다만, 그를 추천한 것은 사이다이지의 말사인 고쿠라쿠지極樂寺의 장로 닌쇼忍性입니다. 또한 1298(永仁 6)년 사이다이지 이하 34개의 절이 관동지방의 기도소로 지정되었습니다만, 그 중에는 도쇼지 등 사이다이지 말사 이외의 율종 계통도 들어가 있습니다. 이들은 닌쇼가 일괄하여 추천한 절들 같은데 율종의 계열을 넘은 횡적인 연결을 엿볼 수 있습니다.

후에 율종 교단의 전개에 따라, 예를 들면 사이다이지류流, 도쇼지류라는 식으로 계열, 즉 파벌이 형성되어 계단에서의 수계 등도 독자적으로 이루어지게 되었습니다만, 닌쇼의 행동 등은 이와는 대조적입니다. 그러나 인간은 파벌을 만들기 마련입니다. 닌쇼 이후의 율승도 예외 없이 계열에 의해 율종 사원의 인사가 이루어졌고 이른바 율승 집단도 폐쇄적이 되어 간 것 같습니다.

고엔興圓·에친惠鎭의 계율 '부흥'

지금까지 다룬 계율 '부흥' 운동은 도다이지 계단에서의 수계 형태에 대한 개혁 운동에서 출발한 사례였습니다. 한편, 엔랴쿠지 계단 계통에서도 계율 '부흥' 운동이 일어나 새로운 교단이 수립되었습니다. 그 중심인물은 고엔(1263~1317)과 에친(1281~1358)입니다.

고엔·에친 등의 계율 '부흥' 운동은 가쿠죠·에이존 등의 남도계의 계율 '부흥' 운동을 의식해서 이루어졌습니다. 즉, 형태로서는 엔랴쿠지의 수계와 마찬가지로 《범망경》 하권에서 설하는 58계를 주는 것이었습니다만, 사이쵸가 시작한 보살계의 의미를 되물으며 파계의 현상 속에서 다시 보살계에 따른 승려 생활을 하고 흥법이생興法利生의 실천을 맹서하는 것이었습니다. 따라서 관승에게는 더러움 기피 등의 제약이 있었기 때문에 관승으로부터 이탈하여 둔세할 필요가 있었으며, 새로운 교단을 주장하게 됩니다.

고엔은 1263(弘長 3)년에 무츠노쿠니陸奧國(越州라고도 한다)

에서 태어났습니다. 15세에 절에 들어가 17세에 득도 수계했습니다. 26세 때에 도읍으로 올라가, 특히 엔랴쿠지의 구로타니黑谷에게서 계율을 배웠습니다. 그 동안 엔랴쿠지 계단에서의 국가적 수계는 지속되고 있어도 계율 호지는 이루어지지 않고 있는 점을 한탄하여 사이쵸에게 돌아가려는 생각이 강렬했던 것 같습니다. 1305(嘉元 3)년 10월에는 구로타니에서 12년 동안 농산행籠山行[42)]을 개시했습니다. 이때 에친도 합류했다고 합니다. 여기서 고엔 등에 의한 계율 '부흥' 운동이 시작되었습니다. 농산 기간 동안 엔랴쿠지 동탑 안의 진조지神藏寺로 옮겨 포살 등을 실행할 때 제자도 모여들었다고 합니다. 그러나 농산 만기 후 채 1년도 지나지 않은 1317(文保 원)년 4월 26일에 사거해버렸습니다.

고엔의 뒤를 이어 대발전시킨 것이 에친입니다. 에친은 1281(弘安 4)년 윤 7월 14일에 오우미近江(滋賀縣) 아사이淺井군 이마니시노쇼今西庄에서 태어났습니다. 15세였던 1295(永仁 3)년 2월 7일에 엔랴쿠지 사이토인西塔院 도쵸道超의 방坊에 입실하여, 같은 해 11월 7일에 출가, 같은 달 8일의 항례 수계에서 수계하고, 이요노보우 도세이伊予房 道政라는 관승이 되었습니다. 그러나 1304(嘉元 2)년 7월에는 둔세하여 이전대로 가겐嘉元 3년에는 고엔을 따랐습니다. 농산 종료 후에는 교토 홋쇼지法勝寺를 중심으로 계율 '부흥' 활동을 실행하고 있습니다.

예를 들면, 홋쇼지의 권진勸進이나 도다이지의 대권진입니다. 권진이란 신사나 사찰의 건립이나 수선 등을 위해 기부나 기술자 집단을 모으는 것으로, 그 사람도 가리킵니다. 에친은 호죠 다카토키北条高時의 원령 진혼을 위해 가마쿠라 다카토키의 저택 자리에 호카이지寶戒寺를 세우는 허가를 고다이고천황에게서 받아 관동에도 교단을 신장해 갔습니다. 그는 또한 고다이고, 고후시미後伏見, 하나조노花園, 고곤光嚴, 고묘光明 5대 천황에게 계사로 수계했기 때문에 5대 국사라 불리고 있습니다. 또한 원原《태평기太平記》의 작자라고 생각되고 있으며, 원《태평기》는 고엔·에친 등의 종교 활동의 부산물이라고 생각되고 있습니다.

반복되는 파계와 지계

이상, 고대·중세를 중심으로 계율에 주목해서 일본불교의 모습을 보아 왔습니다. 감진에 의해 국가적으로 수계 제도가 수립된 후, 계율은 새로운 사회적 의의를 획득했습니다. 정식 관승을 생산하고, 나아가 수계후의 햇수(계랍)가 관승 집단의 서열 편성 원리의 중요한 요소가 된 것입니다. 그 결과 도다이지·간제온지·엔랴쿠지 계단에서의 수계 제도는 중세에도 계속 기능했습니다.

그러나 이는 개개의 승려들이 계율을 호지한 것을 의미하지는 않습니다. 그 때문에 파계와 지계 사이에서 종종 계율 '부흥' 운동이 일어나고 있습니다. 특히 일본 중세의 계율 부흥 운동은 주로 도다이지 계단과 엔랴쿠지 계단과 같은 국립 계단의 주변에서 일어나고, 에이존 교단 등의 계율을 핵심으로 하는 새로운 교단을 생산해 갑니다. 불제자로서 석가가 제정한 계율을 호지하지 않는다면 불교도라 할 수 없다고 하는 석가에 대한 회귀를 지향하는 운동을 계기로 새로운 불교 혁신 운동이 일어난 것입니다.

헤이안 후기부터 말법사상이 유행하고 사회 불안은 커져 갑니다. 그 속에서 석가에게 돌아가라는 계율 부흥 운동에 사회가 기대를 모으고, 가마쿠라시대에 많은 사람들이 에이존 교단의 신자가 되어 간 것입니다. 또 한편으로 아미타신앙이나 법화신앙, 선에 기대를 거는 사람들도 있었습니다. 다음으로 신란에 주목해 보겠습니다.

계율 부흥 운동의 정반대 편에 서 있던 신란

계율 부흥 운동의 정반대 편에 위치했던 존재로 신란이 주목됩니다. 신란은 비승·비속(승려도 아니고 속인도 아닌)의 자각을 지니고 무계명자無戒名字(계율을 지키지 않는 이름뿐인)의 비구를 주장했기 때문입니다. 이른바 현대의 계율 경시 흐름은 신란에게서 시작되었다고 할 수 있습니다. 따라서 신란의 계율관에 관해 보겠습니다.

신란(1173~1262)은 후지와라씨 일족인 히노 아리노리日野有範의 아들로 1173(承安 3)년에 태어났습니다. 교토의 중급 귀족 출신이라고 합니다. 9살 때 출가하여 히에이잔 엔랴쿠지의 관승이 되고, 엔랴쿠지에서는 죠교도常行堂 등에서 아미타불의 주위를 돌며 아름다운 가락을 붙인 염불을 영창詠唱하는 당승堂僧을 맡고 있었다고 합니다. 그러나 지금까지의 분석으로 보아 명확한 바와 같이, 당시 엔랴쿠지 관승들 사이에서는 여범이나 동자들과의 남색이 일반적이었습니다. 9살에 입사한 신란도 남색의 환경을 면치 못했다고 생각됩니다. 엔랴쿠지의 부패를 눈앞에 했기 때문일까요, 신란은 29살 때 히에이잔을 내려가 깨달음을 구하여 록카쿠도六角堂(교토시 中京구)에서 참롱參籠[43]했습니다. 참롱 95일째 꿈에 쇼토쿠태자의 계시를 받고 이를 계기로 히가시야마 요시미즈東山吉水의 호넨法然 밑으로 갈 것을 결의합니다. 이때 얻은 꿈의 계시가 여범을 허가하는 것이었다고 하여 유명합니다.

즉 "行者宿報設女犯 我成玉女身被犯 一生之間能莊嚴 臨終引導生極樂"이라고 하는 여범게女犯偈입니다. "수행자가 숙세의 과보로 설사 여범한다 해도 나(救世觀音菩薩)는 옥녀의 몸이 되어 범함을 당하고 평생 동안 잘 해로하여 임종에는 극락에 왕생시키겠노라."라는 것이었습니다. 즉, 대처하고 재가 생활인 채로 극락정토왕생을 기원하는 모습이야말로 말세에 있어 불자의 모습이라는 확신을 얻었던 것입니다.

【그림 4】 신란의 불교는 무계의 인식에서 시작했다. '態皮御影'(《일본을 만든 사람들 8 신란》, 平凡社)

둔세한 신란은 이후 호넨 밑에서 수행을 쌓았습니다만, 1207(承元 원)년 2월에 전수염불專修念佛(왕생을 위해서는 염불만 실행하면 된다는 입장)이 탄압을 받아 신란은 에치고越後(新潟현)로 유배되어 버립니다. 1211(建 원)년에 풀려납니다만, 그 후 아내인 에신니惠信尼를 데리고 히타치쿠니常陸國(茨城현)로 이주하여 그곳에서 20년 동안 도코쿠東國[44]지방의 교화에 힘쓰며 독자적인 사상을 심화시켜 갔습니다. 1232(貞永 원)년 무렵에 교토로 돌아가 1262(弘長 2)년 90세로 죽을 때까지《교행신증敎行信證》등의 저작을 완성시키는데 힘쓴 것 같습니다.

'무계명자無戒名字 비구'의 시대

그런데 신란은《교행신증》의 〈화신토권化身土卷〉에서 금이 없을 때는 은이 존중되듯이 말법인 지금은 '무계명자비구'가 존중된다고 주장하고 있습니다. 당시 신란의 이런 주장이 가능할 정도로 파계승은 횡행하고 있었던 것입니다. 예를 들어 신란은《대술경大術經》을 인용하여 석가 사후 500년 동안은 정법이 계승되고 유지되지만, 멸후 500년 이후의 상법像法시대에는 세상이 혼란스러워진다고 하여 100년마다 불교교단이 혼란되어가는 상태를 그리고 있습니다.

특히 "불멸후 1,000년을 지나면 세상은 크게 혼란하여 1,100년 후가 되면 불교도는 결혼하는 등 계율을 파괴한다. 1,200년에는 여러 비구와 비구니들이 아이를 갖는다. 1,300년에는 가사가 변하여 하얗게 된다. 1,400년에는 비구도 비구니도 남녀 신도도 모두 사냥꾼처럼 먹잇감을 찾아 돌아다니게 되고, 세속의 놀이에 빠져 삼보물(불·법·승에게 기부된 보물)도 팔게 된다. 1,500년에는 일찍이 불교가 번창한 구센미狗賤彌국에서조차 2명의 승려가 서로 살인을 한다."라고 합니다. 이리하여 말법시대로 들어갑니다. 말법시대에는 '불법'은 가르침으로는 남지만, 계·정·혜를 호지하는 자는 없어지므로 이 세상에는 계율을 지키지 않는 '무계명자비구'만이 있게 됩니다. 그러나 '무계명자비구'이기는 해도 불법에 결연結緣시키는 자이므로 존중된다는 것입니다.

신란은 《정상말화찬正像末和讚》에서도 "무계명자비구라도 말법탁세의 세상에는 사리불·목련과 똑같으며, 공양·공경을 권유한다."라고 읊고 있습니다. 즉, 말법에는 무계명자비구라도 부처님의 10대 제자인 사리불·목련과 동등한 가치를 지니며, 사람들에게 부처님을 공양하고 부처님을 공경할 것을 권한다고 서술하고 있습니다. 여기서 강렬한 말법 의식과 무계 현상에 대한 인식을 엿볼 수 있습니다.

파계와 말법사상

말법사상은 불교에서 시대를 구분하는 사상입니다. 정법(法·行·證의 세 가지가 있는 시대)·상법(법·행의 두 가지가 있는 시대)·말법(법만이 있는 시대)의 삼시설三時說에서 나온 말입니다. 일본에서는 정법 천년(《대술경》에서는 500년)·상법 천년·말법 1만년설이 유행하여 헤이안시대 말기인 1052년부터 말법에 들어갔다고 생각되고 있었습니다. 이러한 말법 의식이나 무계 인식은 역시 자신이 수행 생활을 보낸 엔랴쿠지에서의 파계 상황에 근거한다고 생각됩니다. 병법兵法을 달리하는 승병의 존재, 많은 참 제자의 존재에서 볼 수 있는 여범의 유행, 그리고 남색의 일반화가 배경에 있었던 것이겠지요. 신란에게는 실제로 2명 내지 3명의 처가 있었다고 알려져 있습니다만, 놀라운 것은 신란이 대처했다는 사실이 아닌 공공연하게 대처하고 무계를 주장했다는 점에 있습니다.

다른 한편, 에이존 등은 파계의 일반화 속에서 계율 호지를 권하며 계율 '부흥'에 매진했습니다. 신란과 에이존은 서로 정반대 방향을 향해 나아가고 있었습니다만, 파계 현상에 대한 인식과, 고민하는 사람들의 구제라는 점에서는 공통된다고 할 수 있습니다.

제4장 근세 이후의 계율 부흥

국교화한 불교

도쿠가와 이에야스德川家康(1542~1616)는 1600(慶長 5)년 9월 세키가하라關ヶ原 전투에서 승리하고, 1603(慶長 8)년 2월에는 정이대장군征夷大將軍에 임명되었습니다. 이 에도 막부의 성립은 정치사에서 매우 획기적인 사건입니다만, 불교계에도 결정적인 영향을 주었습니다. 즉, 에도시대의 불교는 슈몬 아라타메宗門改め제도[45]와 단가檀家제도[46]에 의해 일단 국교가 되고, 불교도는 이른바 호적 관리 역할을 담당함으로써 에도 막부의 '관승'이 되었습니다.

이러한 에도시대의 불교도에 대해 기존에는 단가제도 등의 여러 제도에 안주하여 장례식을 주요 업무로 하는 장식葬式불교로 변질되어 민중을 돌아보지 않고 타락해 갔다고 이해했습니다. 하지만 지금은 근세가 되어서야 비로소 전국의 마을에 가마쿠라 신불교계의 사원이나 사당이 만들어졌을 뿐만 아니라, 단가제도에 의해 민중이 사원에 단가로 등록되어 국민 모두가 표면상으로는 불교도가 되는 등, 중세에 탄생한 가마쿠라 신불교가 전면적으로 전개한 시대라고 이해하고 있습니다.

초기의 사원 통제 정책

도쿠가와 이에야스는 중세에 무사 세력을 위협하는 권력이었던 사원 세력도 자신의 지배하에 두는 정책을 실천에 옮겼습니다. 즉, 사원제법도寺院諸法度의 발포입니다. 사원제법도는 게이쵸慶長 6년 5월의 '고야산사중법도조조高野山寺中法度條々'를 시작으로, 1615(元和 元)년 7월에 걸쳐 유력 사원에 발포되었습니다. 그 내용은 각 사원, 각 종파에 따라 다릅니다만, 사원이 소유하고 있던 수호불입권守護不入權(치외법권)을 부정하고 교학 중심의 장소로 자리매김하고 있습니다. 그리고 유서 있는 사원은 학문이 높은 승려가 주지를 맡아야 하며, 승려는 학문에 힘쓰고 불교를 흥륭해야 한다고 규정했습니다. 엔랴쿠지·고후쿠지·고야산高野山 등에는 승병이 다수 있었으므로 승려의 무장을 해제하고 불도 수행에 힘쓰도록 하여 막부의 지배하에 두려는 목적이었습니다.

또한 '진언종제법도眞言宗諸法度'처럼 종파 단위로 본사와 말사의 관계를 긴밀하게 만들려는 의도도 엿볼 수 있습니다. 또한 종파별로 후래가시라觸頭[47)를 두어 대본산으로부터 말사까지 통괄시켰습니다.

이러한 에도 막부의 정책에 의해 현재도 이어지는 진

언종眞言宗·정토종淨土宗·일련종日蓮宗이라는 종파가 재편·정비되어 일단 확립된 것입니다. 에이존 등의 계보를 잇는 교단은 나라 사이다이지를 본사로 하고, 진언종과 율종律宗을 겸비한 진언율종眞言律宗이라는 교단으로 자리매김합니다.

근세의 지도자 묘닌明忍

그런데 에이존이나 닌쇼의 사후에도 교단의 세력은 쇠퇴하지 않았습니다. 이미 서술했습니다만, 특히 가마쿠라 시대 후기부터 무로마치 시대 초기에는 선종과 함께 율종이 막부의 보호를 받은 것도 한몫하여 사회에 정착해 갔습니다. 그러나 권력과의 밀착으로 '관승'화가 일어나고, 교단의 확대는 형식뿐인 체재를 낳아 계율 부흥 운동으로서의 역할을 다하지 못하게 됩니다. 계율을 지키는 것이 곤란해지고, 의지가 강한 스승은 가고나자 다시금 계율의 형식화가 일어나게 된 것입니다.

그러나 전국시대 이후에도 파계와 지계 사이에서 새로운 계율 부흥 운동이 일어납니다. 그 효시라 할 수 있는 것이 바로 묘닌明忍(1576~1610)입니다. 묘닌·에운惠雲·운손雲尊·유손友尊은 1602(慶長 7)년에 도가노栂尾의 고잔지高山寺(京都市)에서 자서수계하고 계율 부흥 운동을 개시했습니다. 가마쿠라기의 가쿠죠^{覺盛}나 에이존 등 4명에 의한 자서수계를 모델로 한 활동이었습니다.

묘닌은 자字를 슌쇼^{俊正}라 하고, 속성은 나카하라^{中原}씨 출신이라고 합니다. 관사官使 일족의 출신으로 젊은 시절부터 출가 의지가 있었습니다만 이루지 못하고, 드디어 게이쵸^{慶長} 4년 24세 때에 교토 다카오^{高雄}산에서 출가했습니다. 다음 해에 사도가행^{四度加行}을 마칩니다. 사도가행이란 밀교승이 전법권정을 받기 전에 일정 기간 실행해야 하는 4종의 수행법을 말합니다. 그러나 묘닌은 지계에 관해 고민했다고 합니다. 그래서 나라의 가스가샤^{春日社}에 참예하고, 이곳에서 에운을 만나 의기투합하여 계율의 본거지였던 사이다이지를 방문합니다. 그리고 사이다이지의 유손으로부터 에이존 등이 계율 '부흥'을 위해 자서수계를 하였다는 말을 듣고 같은 방식으로 게이쵸 7년에 운손을 더한 4명이 도가노의 고잔지에서 자서수계하고 계율 '부흥' 운동을 개시합니다.

당시 사이다이지에서조차 지계는 이루어지지 않고 있다고 인식되고 있는 점이 주목됩니다. 묘닌 등은 도가노오^{栂尾}에 뵤도신인^{平等心院(西明寺)}을 세우고 계율 '부흥'의 거점으로 삼았습니다. 또한 묘닌은 게이쵸 11년에 중국으로 건너가 별수別受를 상승相承하려 했습니다만, 이루지 못하고 병으로 쓰러져 게이쵸 15년에 대마對馬에서 객사했습니다. 그 후 에운은 사이묘지西明寺를 중심으로 활동하고 제자인 지닌慈忍은 야츄지野中寺(大阪府 羽曳野市)를 세웁니다. 묘닌의 제자인 겐슌賢俊은 진보지神鳳寺(폐사, 현재의 大阪府 堺市에 소재)를 세웠습니다. 이후, 사이묘지·진보지·야츄지는 율의 3승방僧坊이라 불려 사이다이지 계통의 율을 배우는 자의 중심이 되었습니다. 이리하여 사이다이지 계통의 율은 다시 크게 일어나게 됩니다.

묘닌 등에 의한 이러한 남도계의 계율 부흥 운동에 자극을 받아 엔랴쿠지 계통에서도 지산묘리츠慈山妙立(1637~90)를 개조로 엔랴쿠지 이이무로다니 안라쿠인飯室谷安樂院을 중심으로 대승계만이 아닌 소승계도 겸수해야 한다는 안락율安樂律 운동 등이 일어납니다. 또한 레이탄靈潭(1676~1734)을 개조로 염불과 계의 일치를 설하는 정토율 등 정토종 쪽에서도 계율 부흥 운동이 일어났습니다.

지운온코慈雲飲光의 정법율

그런데 근세의 계율 부흥 운동에서 또 하나 주목해야 할 것으로 지운온코(1718~1804)의 정법율의 흥륭이 있습니다.

지운의 활동은 메이지明治 불교계에도 큰 영향을 주었기 때문에 상세히 보겠습니다.

지운은 1718(亨保 3)년 7월에 오사카에서 태어났습니다. 9세에 문자를 익히고 12세에 유학자로부터 주자학의 강석을 들었다고 합니다. 그러나 13세에 아버지를 잃자 그 해에 아버지의 유언과 어머니의 명에 따라 셋츠노쿠니攝津國 스미요시住吉에 있는 호라쿠지法樂寺에 들어가 닌코테이키忍綱貞紀 밑에서 출가했습니다. 15세에 닌코로부터 경을 배우고 사도가행四度加行을 닦고 십팔도를 닦았습니다. 또한 닌코에게 범자실담(산스끄리뜨학)을 배웠다는 점이 주목됩니다. 19세에는 야마토大和에 유학하고, 가와치河內의 야쮸지野中寺에서 사미계를 받고, 2년 후에는 야쮸지에서 통수通受 수계했습니다. 즉, 지운도 앞서 서술한 율의 3승방과 관련 있는 사람이었던 것입니다.

지운이 계율 '부흥' 운동을 시작한 것은 가와치의 쵸에이지長榮寺(東大阪市)에 들어간 후의 일입니다. 1746(延亨 3)년 7월 15일 쵸에이지 계단에서 처음으로 구족계를 별수 방식으로 받았습니다. 1749(寬延 2)년 7월에는《근본승제根本僧制》를 정하여 동지同志에게 보여준 후 처음으로 정법율이라 칭하고 계율에 관한 제반을 규정했습니다. 교라쿠京洛[48]의 사람들은 그

덕망을 사모하여 1771(明和 8)년에 사이쿄西京 아미다지阿彌陀寺를 구입하고 지운을 초대했습니다. 그는 이 제안을 받아들여 이 절로 거주지를 옮기고 1773(安永 2)년에는 교레이몬인恭禮門院과 가이메몬인開明門院에게, 동 3년에는 고모모조노後姚園천황에게 10선계상十善戒相을 주었습니다. 또한《십선법어十善法語》를 저술하고 많은 비구니를 득도시켰습니다. 같은 야스나가安永 2년에 고키지高貴寺(大阪府 南河內郡 河南町)가 지운에게 맡겨지자 다음 해인 야스나가 3년에 이주했습니다. 1786(天明 6)년 5월에는 막부에 고키지 승방僧坊을 인가받고 정법율의 본산으로 삼았습니다. 덴메이天明 4년에는 쵸후쿠지長福寺, 3년 후에는 미즈야쿠시지水藥師寺 등의 비구니 승방을 건립하고, 아미다지를 정법율 홍통의 중심 도장으로 삼아 출가·재가의 교화에 힘씁니다. 교토·오사카를 방문해서 법을 설하고, 고키지·쵸에이지 등에 안거하며 강연이나 수계를 실행했습니다. 야마토大和군의 영주 야나기사와 야스미츠柳澤保光도 지운에게 깊이 귀의했습니다. 이 외에도 많은 귀의자를 얻었으며, 1804(文化 元)년 12월 22일에 아미다지에서 입멸했습니다. 87세였습니다.

지운은 석가가 살았던 시대의 불법, 즉 정법의 시대로 돌아가고자 경전에 설해진 계율을 엄격히 지키고자 했습니다. 승려에게는 별수를 행하는 한편, 계율과 도덕의 일치를 설하며 재가자에게는 10선계를 주었습니다. 앞에서도 언급했습니다만, 10선계에서는 음주를 금지하고 있지 않으며, 또한 삿된 음행만을 금하고 있어 현실적으로 받아들이기 쉬운 내용이었습니다. 또한 석가의 직설, 즉 정법을 한역불전이 아닌 산스끄리뜨 원전에서 알아내고자 실담을 연구하고, 《범학진량梵學津梁》 1천 권을 저술했습니다. 지운의 정법율은 진언율의 틀에 머무는 것이 아닌 불교 전체에 통하는 성격을 지니며, 10선계는 현세를 살아가는 사람들에게 윤리 규범을 주었습니다. 이로 인해 메이지의 제 종파의 계율 부흥 운동에 큰 영향을 주었던 것입니다.

막부幕府 하의 승려

이상과 같이 에도시대에도 눈부신 계율 '부흥' 운동이 일어났습니다. 그 배경에는 이런 점도 있었다고 생각됩니다. 에도시대의 승려들은 사단寺檀제도·종문인별장宗門人別帳제도에 의해 에도 막부의 호적 관리 역할 등을 담당하는, 말하자면 막부의 '관승'으로 인식되어 보호받은 한편, 계율 호지 등에서는 재가자와의 차이를 요구받았다는 점입니다. 파계가 상당히 일반적이었다 해도 원칙적으로 승려들에게 불음 등은 허용되지 않으며, 결혼한 것이 드러나면 불음계를 저질렀다[女犯]하여 '원도遠島' 등의 엄한 처분을 받게 됩니다. 도쿠가와 요시무네德川吉宗의 명으로 편찬된《공사방어정서公事方御定書》(1742(寬保 2년)에 일단 완성되고 1754(寶曆 4)년에 최종적으로 법문法文이 확정되었다)에 의하면, 여범의 형은 다음과 같이 규정되어 있습니다.

절을 지닌 승려(한 절의 주지)의 경우는 원도(八丈島가 많다)에 처해졌습니다. 소화승所化僧(수행승)의 경우에는 일단 가볍게 니혼바시日本橋의 정해진 장소에 길 가는 사람들이 보도록 3일 동안 앉혀 놓은 후, 후래가시라觸頭(각 종파의 감독 사원)에게 신원을 양도하여 각 사원의 법에 따라 처벌받도록 하였습니다. 보통 승적을 빼앗기고 추방됩니다만, 이때 '가사잇폰傘一本'이라 해서 우산 하나만 소지하고 알몸으로 추방되거나 알몸으로 개처럼 뛰게 하여 절에서 쫓아냈습니다. 간통의 경우에는 절을 지닌 승려나 소화승의 구별 없이 옥문獄門(참수한 후 머리를 보이기 위해 옥문에 걸어 두는 것)에 처해졌습니다. 이 때문에 정토 진종의 승려를 제외하고, 결혼하고 있던 다른 승려들은 자신의 처를 숨기고 생활했습니다. 이러한 승려의 처는 '범처梵妻'라든지 '대흑大黑'이라 불렸습니다.

메이지明治의 승려들

승려들의 이런 상황이 메이지시대에 들어서면 일변하게 됩니다. 1872(明治 5)년 4월 25일자로 '태정관포고太政官布告' 제133호가 발포됩니다. 거기서 "지금부터 승려의 육식·결혼·축발은 마음대로 할 것, 단 법요 외에는 인민 일반의 옷을 착용해도 상관없다."라는 승려의 '육식·결혼·축발'을 용인하는 법령이 나온 것입니다. 이는 전前해에 사청寺請제도 폐지령이 나와 승려의 '관승'화 폐지에 동반된 정책이었습니다. 신도神道를 중시하려 했던 메이지정부에 있어 불교의 권위를 실추시키는 일은 중요했으며, 이 법령이 그 역할을 하게 됩니다.

이 태정관포고에 대해서는 메이지 10년 9월에 정토종의 승려 후쿠다 교카이福田行誡(?~1888)가 이로 인한 불교계의 타락을 염려하며 포고의 철회를 메이지 정부에게 청원한 것처럼 계율 호지를 구하는 운동이 일어났습니다. 이 때문에 메이지 5년의 '태정관포고' 발령 이후, 즉시 승려의 결혼이 일반화되었던 것은 아닙니다. 특히 메이지 초기의 폐불 상황에 대하여 위기감을 품은 후쿠다 등의 승려에 의해 계율 부흥 운동은 고양되었습니다만, 그 모델이 된 것이 앞서 서술한 지운의 정법율 운동이었습니다. 지운의 정법율은 종파를 넘어 승려들의 파계 상황을 바로잡는 기능을 지니고 있었으며, 10선계는 현세의 문제로부터 도피적이어서 근대화에 맞지 않는다고 비판받은 불교에 현세적인 윤리를 제공한다고 생각되었기 때문입니다.

그렇지만 이런 운동에도 불구하고, 메이지 30년대(1897 ~1906)가 되면 승려의 결혼은 진종 이외에도 점차 일반화되어 갔습니다. 그리고 승려의 결혼은 일본불교의 특징 가운데 하나가 됩니다. 그 후 현대에 이르기까지 지계의 두드러진 움직임은 없는 것 같습니다.

유대교의 계율은 미츠바mitzvah라고 합니다만, 이는 신이 '하지 말라'라고 명령하는 금지 명령과 신이 '해라'라고 명령하는 당위 명령의 두 가지로 나뉩니다. 이 가운데 금지 명령은 365개 있으며, 당위 명령은 248개입니다. 이들 수치에는 의미가 있어, 금지 명령은 나날의 행위에 관련되므로 1년 365일에 해당하는 365계이며, 당위 명령은 인간의 몸을 움직이는 것이므로 인체의 골육骨肉 수에 해당하는 248계라고 합니다.

이 유대교의 계율에서 단적으로 볼 수 있는 바와 같이, 계율은 신앙인들의 '신체론'과 밀접하게 관련되어 있습니다. 말하자면, 신앙인에게 있어 계율은 나날의 일거수일투족을 규제하고 있었다고 할 수 있습니다. 그렇다면 계율은 이를 지키는 사람들의 사회나 문화의 '신체론'을 이해하는 실마리가 될 것입니다. 이 때문에 본서에서는 석가가 정한 불교 승단의 규정인 계율에 주목하여 일본불교의 '신체론'을 논해 보았습니다. 《사분율》에 의하면, 정식 승려는 250, 비구니는 348개나 되는 계율을 호지할 것이 요구됩니다. 요컨대, 계율은 승려들의 행동거지를 규정하는 것으로 아침에 일어나서 잠들 때까지 승려들은 계율에 따른 신체 생활을 하는 것을 이상으로 삼고 있었던 것입니다.

그러나 이를 호지하는 것은 매우 어려우며, 특히 불음계는 지키기 어려워 현재의 일본불교에서 결혼은 용인되고 사실상 무계에 가까운 상황에 있습니다. 하지만 과거의 승려들은 현재의 태국·미얀마·스리랑카 등의 승려들과 마찬가지로 파계와 지계 사이에서 고뇌하면서 성불을 지향하며 살아왔습니다. 이 때문에 일본불교를 역사적으로, 종교사적으로 이해하기 위해서는 계율에 주목한 승려 집단의 '신체론'은 불가결합니다.

또한 불교는 중세 이후에 일본사회에 정착해 갔습니다. 그러므로 계율은 개개의 승려나 승려 집단만이 아닌, 일본사회의 '신체론'을 이해하는데 있어서도 중요한 의미를 지니게 되었던 것입니다. 특히 계율을 중시한 선·율종이 가마쿠라 막부나 공가정권公家政權으로부터 공인되어 갔기 때문에, 술의 판매 금지·살생금단이라는 계율에 근거한 정책이 실시되는 등, 계율은 사회의 '신체'를 규제할 정도였던 것입니다. 이러한 점에서도 계율 연구의 중요성은 분명하다고 생각합니다.

그런데 저의 연구 목적은 가마쿠라시대에 팽배하게 일어났던, 이른바 가마쿠라 신불교란 무엇인가를 밝히는 일에 있습니다. 특히 본서에서는 말법사상에 입각하여 무계를 주장하고 결혼했던 신란과는 대조적으로, 석가에게 돌아가라고 주장하며 계율을 중시한 율승에 주목해 보았습니다. 연구를 시작했을 무렵, 사료를 보고는 에이존·닌쇼 등의 계율에 대한 집착에 위화감을 느꼈습니다. 왜 계율 호지를 고집하는가? 다른 한편, 신란의 경우에는 너무나도 격렬하게 '무계'를 주장하고 있는 것 같아 이 역시 위화감을 느꼈습니다.

그러나 도다이지 소쇼宗性 외에 주목하여 관승(공무원적 승려)들 간에 남색이 상급의 승려만이 아닌, 중·하급의 승려에게까지 만연하고 일반화하고 있었음을 알게 되자 지계 주장의 격렬함도 무계 주장의 서글픔도 이해할 수 있게 되었습니다. 말하자면, 관승 사회의 남색 관계의 존재를 전제로 가마쿠라 신불교 활동이 생겨난 배경도 이해해야 할 것입니다.

또한 본서에서는 가마쿠라 신불교 성립의 배경으로 파계와 지계에 초점을 맞추고 논했습니다만, 이는 성립 배경의 하나에 불과합니다. 보다 중요한 배경으로 일본 전국에 생겨난 도시적인 장소와 거기서 생활하며 '개個'의 번민을 지녔던 사람들의 출현을 들 수 있다고 생각합니다. 이 점에 관해서는 다른 제 저서에서 논했습니다.[49]

이상, 계율을 통해 일본불교사를 개관해 보았습니다. 계율 경시는 일본불교의 특징 가운데 하나라고 합니다만, 지금까지 서술한 바와 같이 정토 진종을 제외하면 이는 메이지 5년 이후에 발생한 매우 새로운 일입니다. 1,500여년에 이르는 일본불교의 긴 역사에서 대부분의 기간은 승려다운 것, 계율 호지를 이상으로 삼고 있었다고 할 수 있습니다. 이는 계율이 계·정·혜 삼학의 하나로서 불교의 기반이었기 때문만은 아닙니다. 중요한 것은 감진에 의한 국가적인 수계 제도의 수립으로 계율 호지를 맹서하는 의례인 수계에 승려 집단의 서열 질서 원리의 하나인 계랍을 낳는 기능이 부여되었기 때문이기도 합니다. 이 때문에 중세에조차 도다이지·간제온지·엔랴쿠지에서는 국가적 수계 제도가 계속 기능했습니다. 그 결과, 국립 계단의 주변에서 계율 부흥 운동이 일어났던 것입니다. 특히, 불·보살로부터 직접 계율을 받는 자서수계라는 형식을 취하여 획기적인 계율 부흥 운동이 일어났습니다.

그런데 태국이나 스리랑카 등을 방문해보면, 일본의

불교도에 대한 평판은 좋지 않습니다. 가장 큰 이유는 승려의 결혼에 있습니다. 불제자로서 석가가 정한 계율을 호지하지 않는 승려는 승려가 아니라는 것입니다.

일본의 식민지 시대에 승려의 결혼이 일반화된 한국에서는 1950년대에 결혼 반대 운동이 일어나고 계율 부흥이 이루어졌습니다. 이로 인해 현재는 결혼을 부정하는 종파가 다수파가 되고, 결혼 용인파의 승려 집단은 소수파가 되었습니다. 다시 말해, 한국의 사례라고는 해도 현대에도 계율 부흥 운동은 가능하다고 생각됩니다. 학자에 불과한 제가 감히 말할 수 있는 일은 아닐지도 모릅니다만, 현재의 일본불교에도 계율 부흥은 필요하다고 생각됩니다. 모든 종파가 그래야 한다고 할 수는 없지만, 적어도 율종을 표방하는 종파는 계율 부흥에 진지하게 임해야 할 시기에 와 있는 것은 아닐까요.

여러 가지 욕망을 끊고^(끊고자) 이타행에 매진하는 승려의 삶의 모습은 새로운 살아있는 모델을 낳지 않을까요. 말하자면, 흰 것이 검은 것을 배경으로 선명하게 떠오르듯이, 이런 승려의 삶의 모습은 우리들 재가자에게 자신의 삶의 방법을 돌아보게 하는 존재가 될 것입니다.

현재 여러 가지 볼런티어 활동이 요구되고 있습니다. 또한 스트레스로 가득 찬 현대 사회는 유아에서 고령자에 이르기까지 정신적으로 쫓기며 여러 가지 번민을 안은 사람이 많아 도움의 손길이 요구됩니다. 지금이야말로 불음계·불음주계·불축금은보계 등을 엄수함으로써 사회봉사 활동에 매진할 수 있다고 생각합니다. 물론 기혼자로 아이가 있어도 훌륭한 활동을 하는 분은 많습니다만, 자신을 버리고 사재나 시간 모두를 던져 활동할 수 있는 것은 독신으로 방해물이 없는 분들이 아닐까요. 구제자의 한 사람으로써 금욕을 이상으로 이타행에 매진한 가마쿠라 시대의 닌쇼와 같은 율승이 요구되고 있는지도 모릅니다.

드디어 본서의 집필도 최종 부분에 들어섰다. 승려의 남색을 다루는 충격적인 내용이므로 자칫하면 판매 부수를 의식한 책이라고 오해받을지도 모른다. 하지만 본서를 읽어 보면 알 수 있듯이, 학술적이면서도 알기 쉽게 계율에 주목하며 승려의 '신체'를 논해 보았다.

승려와 계율의 관계는 중요하며 승려 집단 내에서 고대 말 이래의 파계 현상이야말로 한편에서는 신란의 무계의 움직임을 낳고, 다른 한편에서는 에이존 등의 계율 부흥 운동을 낳았다고 할 수 있다. 중세의 관승 세계에서 '남색은 문화였다'라고 서술했는데, 이는 현대의 가치관으로 규탄할 일은 아니라고 생각한다.

계율의 중요성에도 불구하고 승려의 결혼이 일반적인 일본불교에서는 계율에 대한 관심이나 평가는 낮았다. 이 때문에 계율이나 율종 관계의 연구, 특히 일반인 대상의 책은

거의 없었다. 필자 역시 크게 고생한 사람 중 한 명이다. 근년에 드디어 계율 연구의 중요성이 인지되어 《사상의 신체, 계의 권(思想の身體, 戒の卷)》(春秋社, 2006)이라는 계율 관계의 알기쉬운 개설서도 출판되기에 이르렀다. 본서는 일반인 대상으로 좀 더 쉽게 계율과 일본불교사를 되돌아보고 있다. 계율 연구, 나아가서는 불교사 연구에 도움이 되면 다행이다.

본서에서 주 사료로 사용한 소쇼의 남색 관계 사료는 야마가타山形대학 인문학부 헤세이平成 16년(2004)도 졸업생 와타나베 토모히로渡邊智弘 군의 졸업 논문 지도 과정에서 알게되었다. 와타나베군은 승려의 파계, 특히 불음주계의 파계를 조사하고 있었기 때문에 함께 소쇼의 사료를 읽는 중에 이 사료의 존재를 알게 된 것이다. 내가 근무하고 있는 야마가타대학의 학생은 대부분 성실하고 우수하여 항상 자극을 받고 있는데, 와타나베군도 그런 학생 가운데 한 명으로 크게 감사의 뜻을 표하고자 한다.

본서는 2년 반 전에 탈고했지만, 다룬 내용이 내용인만큼 그 후 퇴고를 거듭하다 드디어 간행하기에 이르렀다. 간행에 있어서는 헤이본샤平凡社 신서 편집부의 후쿠다 유스케福田祐介씨에게 많은 신세를 졌다. 마지막으로 구순을 맞이하여 한층 더 건강하게 열심히 나가사키長崎에서 생활하고 계시

는 아버님과, 황천에서 지켜주고 계시는 어머님에게 이 책을
바치고자 한다.

2008년(平成 20) 10월 5일 야마가타대학 연구실에서

마츠오 켄지松尾剛次

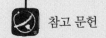 참고 문헌

赤松俊秀,《親鸞》, 吉川弘文館, 1961.

赤松俊秀 감수,《泉涌寺史 本文篇》, 法藏館, 1984.

阿部泰郎,《湯屋の皇后》, 名古屋大學出版會, 1998.

安藤更生,《鑑眞》, 吉川弘文館, 1989.

池田英俊,《明治の新佛敎運動》, 吉川弘文館, 1976.

石田瑞麿,《日本思想大系6 源信》, 岩波書店, 1970.

石田瑞麿,《梵網經 下》, 大藏出版, 1971.

石田瑞麿,《日本佛敎史》, 岩波書店, 1984.

石田瑞麿,《日本佛敎思想硏究 第一卷 戒律の硏究 上》, 法藏館, 1986.

泉谷康夫,《興福寺》, 吉川弘文館, 1997.

市川裕,「一神敎と〈戒〉-ユダヤ敎的特徵」(松尾剛次 編,《思想の身體 戒の卷》,
　　　春秋社, 2006)

伊藤淸郎,《中世日本の國家と寺社》, 高志書院, 2000.

稻城信子 외,《平成13-15年度科學硏究費補助金硏究成果報告書 日本における
　　　戒律傳播の硏究》, 元興寺文化財硏究所, 2004.

岩田準一,《本朝色男考: 男色文獻書誌》, 原書房, 2002.

宇治市歷史資料館 편,《宇治橋》, 宇治市歷史資料館, 1995.

海野弘,《ホモセクシャルの世界史》, 文藝春秋, 2005.

追塩千尋,《中世の南都佛敎》, 吉川弘文館, 1995.

追塩千尋,《中世南都の僧侶と寺院》, 吉川弘文館, 2006.

大塚實忠,「法華滅罪寺中興 聖惠房慈善」,《日本佛敎》28호, 1968.

岡野浩二,「奈良·平安時代の出家」,《王朝の權力と表象》, 森話社, 1998.

勝浦令子,《古代·中世の女性と佛敎》, 山川出版社, 2003.

苅米一志,《莊園社會における宗敎構造》, 校倉書房, 2004.

草野顯之 편,《信の念佛者親鸞》, 吉川弘文館, 2004.

工藤敬一,《中世古文書を読み解く》, 吉川弘文館, 2000.

國立歷史民俗博物館 편,《中世寺院の姿とくらし》, 山川出版社, 2004.

小松茂美 편,《續日本繪卷大成 春日權現驗記繪 上·下》, 中央公論社, 1982.

五味文彦,《院政期社會の研究》, 山川出版社, 1984.

五味文彦,《「春日驗記繪」と中世》, 淡交社, 1998.

佐藤進一·百瀨今朝雄·笠松宏至 편,《中世法制史料集》, 岩波書店, 2005.

佐藤弘夫,《靈場の世界》, 吉川弘文館, 2003.

佐藤密雄,《律藏》, 大藏出版, 1972.

色井秀讓,《戒灌頂の入門的研究》, 東方出版, 1989.

島崎藤村,《破戒》, 新潮社, 1954.

眞宗聖敎全書編纂所 편,《眞宗聖敎全書 第二卷》, 大八木興文堂, 1941.

末木文美士,《思想としての佛敎入門》, トランスビュー, 2006.

大本山隨心院,《仁海》, 大本山隨心院, 2005.

田上太秀,《佛敎と性差別》, 東京書籍, 1992.

多川俊映,《貞慶「愚迷發心集」を読む》, 春秋社, 2004.

丹野顯,《江戸の色ごと仕置帳》, 集英社, 2003.

沈仁慈,《慈雲の正法思想》, インド學佛敎學叢書編集委員會, 2003.

辻善之助,《日本佛敎史 中世篇之五》, 岩波書店, 1970.

土谷惠,《中世寺院の社會と藝能》, 吉川弘文館, 2001.

德江元正,《室町藝能史論攷》, 三彌井書店, 1984.

中村生雄,「肉食妻帶問題(3)」,《寺門興隆》, 興山舍, 2003.

永村眞,《中世寺院史料論》, 吉川弘文館, 2000.

野間清六,「《春日權現驗記繪》の概要」,《新修日本繪卷物全集16 春日權現驗記繪》, 角川書店, 1978.

平岡定海,《東大寺宗性上人之研究並史料 上》, 臨川書店, 1958.

平岡定海,《東大寺宗性上人之研究並史料 中》, 臨川書店, 1959.

平岡定海,《東大寺宗性上人之研究並史料 下》, 臨川書店, 1960.

細川涼一,《中世の律宗寺院と民衆》, 吉川弘文館, 1987.

細川涼一,《女の中世》, 日本エディタースクール出版部, 1989.

細川涼一,《逸脱の日本中世》, JICC出版局, 1993.

細川涼一,《中世寺院の風景》, 新曜社, 1997.

松尾剛次,《勸進と破戒の中世史》, 吉川弘文館, 1995.

松尾剛次,《中世の都市と非人》, 法藏館, 1998.

松尾剛次,《新版 鎌倉新佛敎の成立》, 吉川弘文館, 1998.

松尾剛次,《太平記》, 中央公論新社, 2001.

松尾剛次,《「お坊さん」の日本史》, 日本放送出版協會, 2002.

松尾剛次,《忍性》, ミネルヴァ書房, 2004.

松尾剛次,《持戒の聖者 叡尊·忍性》, 吉川弘文館, 2004.

松尾剛次,《鎌倉古寺を步く》, 中央公論新社, 2005.

松尾剛次 편,《思想の身體 게の卷》, 春秋社, 2006.

松岡久人 편,《南北朝遺文 中國·四國編 第三卷》, 東京堂出版, 1990.

三浦雅士,《身體の零度》, 講談社. 1994.

蓑輪顯量,《中世初期南都戒律復興の研究》, 法藏館, 1999.

村井章介,《東アジアのなかの日本文化》, 放送大學敎育振興會, 2005.

森章司 편,《戒律の世界》, 溪水社, 1993.

山折哲雄·末木文美士 편,《佛敎新發見23 西大寺》, 朝日新聞社, 2007.

1) 일본 최초의 절은 불교 공전 이후에 숭불파였던 소가노 이나메가 세운 무쿠 하라지向原寺로, 그는 자신의 집을 절로 개조하여 백제로부터 전해진 불상을 모셨다. 이후, 소가씨가 배불파인 모노노베씨에게 승리하여 권세를 누리게 됨에 따라 다른 호족들도 다투어 사원을 건립하게 되는데, 이 사원들을 우지 데라라고 한다. 즉, 일본의 호족들이 부처님에게 일족의 평안과 번영을 기도 하는 장소였다.【역자 주】

2) 7세기 중엽에 일본에서 이루어진 정치 개혁. 쇼토쿠聖德태자의 사후에 정치 적 실권을 장악하고 있던 소가씨蘇我氏를 제거하고 국내 체제를 쇄신해야 한 다는 주장이 중국유학승들 사이에서 제기되면서, 결국 645년 6월 나카노오 에中大兄황자皇子와 나카토미노 가마타리中臣鎌足가 중심이 되어 소가씨를 살 해하고 고토쿠孝德왕을 즉위시켰다. 646년 1월에 4개조로 구성된 '개신의 조' 를 발표하고 본격적인 개신에 착수하였다. 이로 인해 일본은 당의 율령 체제 를 본떠 왕을 정점으로 한 중앙집권적 정치 체제를 구축하게 된다.【역자 주】

3) 스승[師匠]을 일컫는 말.【역자 주】

4) 각재角材나 삼각재三角材를 짜 올려서 지은 창고. 습기가 많은 계절에는 재목 이 불어 안이 습해짐을 막고, 건조기에는 재목 사이로 공기가 잘 통함.【역자 주】

5) 절의 사무를 통할하는 승려. 일반적으로 '천태좌주天台座主'라고 하여, 일본 천태종天台宗의 총본산인 히에이잔比叡山 엔랴쿠지延曆寺의 주지를 가리킨다. 천태종의 모든 말사를 총감독하는 역할을 담당한다.【역자 주】

6) 일본의 관동 지방.【역자 주】

7) 사찰을 창설하거나 새로운 종파를 일으킨 승려, 즉 개조開祖를 가리킨다.【역자 주】

8) 관명에 의해 사원의 총괄 책임자인 별당別當을 담당하는 재가자.【역자 주】

9) 도다이지·고후쿠지 등의 큰 절에서 사무를 통괄하던 관승.【역자 주】

10) 도치기栃木현 아시카가足利시에 있는 진언종 대일파大日派의 총본산.【역자 주】

11) 일본천태에서 주장된 대승계.《범망경》의 계를《법화경》의 취지에 근거하여 사용한 것.【역자 주】

12)《大日本史料》6-28, 東京大学史料編纂所 편, 1973, p.743의 번역문.

13)〈永平寺文書〉《大日本史料》5-1, 東京大学史料編纂所 편, 1973, p.853.

14) 가마쿠라시대 겐무建武 정권기의 선승(1273~1335).【역자 주】

15) 쇼무聖武(724~749)천황의 칙원에 의해 고쿠분지國分寺와 함께 지방마다 건립된 비구니 절을 일컫는다. 정식으로는 '법화멸죄지사法華滅罪之寺'라 칭하며, 열명의 승려를 두고《법화경》의 독송을 통해 국가의 안녕을 기원하게 하였다.【역자 주】

16) 勝浦令子,《古代·中世の女性と佛敎》, 山川出版社, 2003.

17) 《淨土宗全書 15》, 淨土宗典刊行会, 1930, p.525.

18) 헤이안平安시대 말기의 히에이잔의 승병.【역자 주】

19) 전국 시대의 무장(1521~1573).【역자 주】

20) 가마쿠라鎌倉 시대의 무장이자 정치가(1147~1199).【역자 주】

21) 나라奈良 고후쿠지興福寺에서 매년 10월 10일부터 16일까지 7일 동안《유마경》
을 강설하는 법회. 야쿠시지藥師寺의 사이쇼에最勝會, 다이고쿠덴大極殿의 고사
이에御齋會와 더불어 남도南都 산에三會의 하나로 꼽히며 크게 성행하였다. 이
법회는 섭관攝關 정치 체제하에서 특히 성대하게 실행되어 후지와라藤原씨
일족을 비롯한 유력 귀족이 많이 참석하였다고 한다.《今昔物語集》권12 제
3 등에 의하면, 사이메이齊明천황 2(656)년경 후지와라 가마타리藤原鎌足가 야
마시나山階 스에하라陶原의 저택에서 병으로 쓰러져 출사出仕하지 못하고 있
자, 백제 비구니인 호묘法明의 권유를 받아들여 유마거사의 상像을 만들고
그 앞에서 그녀로 하여금《유마경》을 강설하게 하였다. 그런데 그녀가 첫날
〈문수보살문질품〉을 강의하자 곧 쾌유했다고 한다. 그 보은을 위해 다음 해
그의 저택을 절[山階寺]로 하고 호묘를 청하여 독경시켰다. 그리고 다음 해인
사이메이천황 4(658)년에 오나라의 귀화승인 간고지元興寺 후쿠료福亮를 강사
로 초청하여《유마경》의 교설을 강설하게 하였는데, 이것이 유이마에의 시
원이라고 한다. 가마타리의 사후 이 강회講會는 끊겼지만, 와도和銅 3(710)년에
야마시나지山階寺가 남도로 옮겨 건축되면서 고후쿠지로 이름을 바꾸고 와
도 7(714)년에 절 낙경식을 할 때 이 법회가 재기되었다고 한다. 奈良康明 편
저,《日本の佛敎を知る事典》(東京: 東京書籍, 1994), pp.287~288.【역자 주】

22) 지토持統천황은《금광명최승왕경》을 호국 경전으로 중시하여 이 경을 여러

지역에 나누어 모신 후, 매년 정월에 독송시켜 지역별로 10부씩 이 경을 서사하게 하고 '금광명사천왕호국지사金光明四天王護國之寺'를 만들게 하였다. 진고케이운神護景雲 2(768)년에 국가 평안을 빌며 궁중 다이고쿠덴大極殿에서 7일 동안 이 경전을 강경한 것을 계기로, 항례의 궁중 고사이에가 귀족 사회에서 정착해 갔다. 奈良康明 편저, 《日本の佛敎を知る事典》(東京: 東京書籍, 1994), p.282. 【역자 주】

23) 3월에 야쿠시지藥師寺에서 《금광명최승왕경》을 독송·강설하며 국가 안온을 기원하는 법회. 【역자 주】

24) 平岡定海, 《東大寺宗性上人之研究並史料 中》, 臨川書店, 1959, pp.531～537.

25) 조정에서 벼슬하는 3품 이상의 고관. 【역자 주】

26) 오하구로お齒黑, 鐵漿라고 한다. 쇳조각을 초에 담가 만든 액체로 이를 검게 물들이는 것을 말한다. 【역자 주】

27) 풀을 먹이지 않고 물에 담갔다가 널빤지에 붙여 말린 비단으로 만든 옷. 원래 민간의 평상복으로 입었으나, 나중에는 公家의 사복私服이나 소년의 나들이옷이 되었다. 【역자 주】

28) 小袖. 옛날에 넓은 소매의 겉옷大袖에 받쳐 입던 소매통이 좁은 옷 혹은 소매통이 좁은 평상복. 【역자 주】

29) 阿部泰郎, 《湯屋の皇后》, 名古屋大學出版會, 1998.

30) 土谷惠, 《中世寺院の社會と藝能》, 吉川弘文館, 2001.

31) 와가和歌가 입선入選하고 있는 것. 【역자 주】

32) 헤이안 말기부터 가마쿠라 초기에 걸쳐 크게 유행했던, 일종의 가요와 같은 유행가 형식의 노래. 【역자 주】

33) 청화가란 공가公家의 다섯 가격家格 중 하나로, 공가란 조정을 섬기는 귀족이나 상급 관인官人의 총칭이다. 헤이안 말기부터 가마쿠라시대에 걸쳐 공가의 가격이 고정되어 가격에 따라 승진할 수 있는 관직이 한정되었다. 공가의 다섯 가격은 셋케攝家·세이가케淸華家·다이진케大臣家·우린케羽林家·메이케名家이다. 세이가케는 총 9개(혹은 7개)의 가문으로 구성되어 있으며, 이 계층 출신은 근위대장이나 대신大臣을 역임하며 최대 태정대신太政大臣까지 승진할 수 있다. 【역자 주】

34) 野間清六, 「《春日權現驗記繪》の槪要」, 《新修日本繪卷卷物全集16 春日權現驗記繪》, 角川書店, 1978.

35) 예복의 일종. 소매 끝에 묶는 끈이 달려 있으며, 문장紋章이 없고, 옷자락은 하카마袴라 불리는 아래옷 속에 넣어 입는 형태의 옷이다. 【역자 주】

36) 土谷惠, 앞의 책, 2001.

37) 히에이잔比叡山의 수호신. 【역자 주】

38) 여러 사람이 편을 가른 후, 순서대로 주사위 두 개를 던져서 나오는 숫자대로 판에 말을 써서 먼저 궁에 들여보내는 놀이. 【역자 주】

39) 蓑輪顯量, 《中世初期南都戒律復興の硏究》, 法藏館, 1999.

40) 土谷惠, 앞의 책, 2001.

41) 松尾剛次, 《中世の都市と非人》, 法藏館, 1998, p.122.

42) 12년 동안 히에이잔比叡山에서 내려오지 않고 오로지 수행하는 것.【역자 주】

43) 신사나 사원에서 일정 기간 동안 칩거하며 신불神仏에게 기원하는 것.【역자 주】

44) 현재의 간토關東 지방.【역자 주】

45) 에도시대에 기독교 금지를 위해 막부에서 실시한 전 국민 신앙 조사.【역자 주】

46) 일정한 절에 소속되어 시주를 하며 절의 재정을 돕는 사람이나 가정을 단가라고 하는데, 단가는 자신이 소속된 절에 죽음과 관련된 모든 종교적 의례를 일임한다. 종교적 의례를 중심으로 절과 가정(혹은 개인)이 대를 이어가며 지속적인 관계를 유지하는 것을 단가제도라고 하는데, 17세기 중반 이후에 정착하여 지금까지 이어지고 있다.【역자 주】

47) 에도시대에 에도 막부나 제후諸侯가 다스리는 영지인 번藩의 사사寺社 봉행 하에 각 종파마다 임명된 특정한 사원. 본산 및 그 외 사원의 연락을 담당하며, 담당 지역 안에 속한 사원을 통제하는 역할을 하였다.【역자 주】

48) 쿄토京都의 다른 말.【역자 주】

49) 松尾剛次,《新版 鎌倉新佛敎の成立》, 吉川弘文館, 1998.

이 책은 마츠오 켄지松尾剛次의 저술인《破戒と男色の
佛教史》(東京: 平凡社, 2008)의 번역본이다. '파계'와 '남색', 적지
않은 불교도들이 거부감을 느낄 수도 있는 단어를 근간으로
저자는 지계持戒를 꿈꾸었던 고대, 파계와 지계 사이에서 고
뇌한 중세, 그리고 그 고뇌로부터 탄생하여 근세 이후까지 이
어진 계율 부흥 운동의 흐름을 매끄럽게 풀어내고 있다. 문고
판으로 불과 200페이지 분량의 작은 책이지만, 지계와 파계
사이에서 고뇌하며 오늘 날에 이른 일본불교의 모습을 간결
하면서도 정확하게 그려낸 수작이다. 오랜 시간 일본불교사
를 연구하며, 관승官僧과 둔세승遁世僧이라는 새로운 패러다임
으로 중세 일본불교사를 설명하여 학계의 주목을 이끌어내
었던 저자이기에 가능한 작업은 아니었을까 생각한다.

그렇다면 저자는 왜 '파계'와 '남색'을 키워드로 삼아
일본불교사를 설명한 것일까? 저자 자신 후기에서 "승려의

남색을 다루는 충격적인 내용이므로 자칫하면 판매부수를 의식한 책이라고 오해받을지도 모른다."라고 기술하고 있는 것을 보면, 이러한 제목 내지 이를 다룬 내용이 불러일으킬 수 있는 거부감이나 비난을 분명 의식하고 있다. 그럼에도 저자는 이 주제를 핵심 키워드로 선택하여 논지를 전개한다. 그 이유는 무엇일까? 답은 위의 발언에 이은 다음 기술에 담겨 있다.

> "학술적이면서도 알기 쉽게 계율에 주목하며 승려의 '신체'를 논해 보았다. 승려와 계율의 관계는 중요하며 승려 집단 내에서 고대 말 이래의 파계 현상이야말로 한편에서는 신란親鸞의 무계無戒의 움직임을 낳고, 다른 한편에서는 에이존叡尊 등의 계율 부흥 운동을 낳았다고 할 수 있다."

저자는 일본불교사에서 확인되는 계율을 둘러싼 주요 두 가지 흐름으로 신란의 무계 주장과 에이존 등이 일으킨 계율 부흥 운동을 든다. 13세기에 활약한 신란은 당시를 말법시대로 규정하고, 말법시대에 계율을 지키는 승려는 시장에 있는 호랑이처럼 위험하고 신뢰할 수 없는 존재라고 단언하며 무계를 선언한다. 한편 13·14세기에 활약한 에이존, 닌쇼忍性, 고엔興圓, 에친惠鎭 등은 계율 부흥 운동을 일으키고 사회적으로도 큰 지지를 받으며 세력을 확장해갔다. 얼핏 완전히 상반된 것처럼 보이는 이 두 주장이 사실은 당시 불교계가 안고 있던 뿌리 깊은 파계 현상을 기반에 두고 있다고 저자는 생각한다. 그리고 그 파계가 얼마나 심각한 수준의 것이었는가를 보여주기 위해 과감하게 '남색'이라는 주제를 선택한 것이다.

전래 초기부터 국가와 밀접한 관계를 지녔던 일본불교는 출가자 역시 관승으로 존재하였다. 즉, 천황 일족을 위해 기도하는 일종의 국가공무원이다. 특히 대를 이을 수 없는 귀족의 차남이나 삼남이 관승이 되는 길을 선택하는 등, 수행에 대한 열망으로 출가를 선택한 자보다 또 하나의 '세속'세계로서 명예와 이익을 추구하며 출가를 선택하는 자들이 많았다는 사실을 고려한다면, 파계는 어쩌면 예정된 수순이었는지도 모른다. 하지만, 한편으로 구도의 길을 찾아 출가한 자들도 교단 내에는 적지 않았을 것이다. 이들은 승려로서 부끄럽지 않은 삶을 살고자 하였다. 관승으로 첫 발을 내딛었지만, 훗날 관승의 지위를 버리고 둔세승의 삶을 살아간 자들이 바로 이들이다. 신란도 에이존도 모두 관승에서 둔세승의 길을 선택한 자들이다.

신란도 에이존도 동자 시절 관사에서 실제로 승려들의 파계 현상을 목격했을 가능성이 높다. 이러한 이들의 실체험이 무계의 선언 혹은 지계의 호소로 이어진 것이다. 저자는 중세 승려들의 일상적인 파계 행위, 그 중에서도 상당히 충격적인 남색이라는 파계의 실상을 들추어냄으로써 이들 주장이 등장하게 된 배경을 적나라하게 보여준다. 동일한 배경을 바탕으로 등장한 무계의 외침과 지계의 선언, 이는 끝도 없이 바닥으로 치닫는 승려들의 파계에 대한 절실한 참회이자 호소였을 것이다. 이들의 참회와 호소가 얼마나 절실한 것이었는가를 보여주기 위해 저자는 파계와 남색을 키워드로 선택한 것이다.

일본불교의 특징 가운데 하나로 많은 이들은 계율 경시를 떠올리게 된다. 결혼이 용인되고, 별 제약 없이 음주가무를 즐기며, 외견상으로도 일반인과 크게 다르지 않은 것이 현재 일본승려의 일반적인 모습이기 때문이다. 하지만 이러한 특징은 메이지유신明治維新(1868)을 계기로 정착된 것 일뿐, 그 이전에는 파계라는 현실과 지계에 대한 열망이 교차하며 격동적인 역사를 만들어내고 있다. 특히 에이존 등을 중심으로 펼쳐진 계율 부흥 운동은 한때 신자 수 10만 이상에 말사도 1,500개나 되는, 그야말로 가마쿠라·남북조시대를 대표하는 교단으로 성장할 만큼 대중의 지지를 받았다. 아쉽게도 관승의 제약을 벗어난 이들이 지계의 힘으로 정권의 주목을 받는 존재가 되자 또 다시 권력과 결부하여 타락해 갔지만, 전국시대 이후에도 파계와 지계 사이에서 새로운 계율 부흥 운동은 연이어 나타났다. 그야말로 파계와 지계의 역사이다. 이역사에 대한 재인식은 계율 경시로 인식되어 온 일본불교를 새롭게 바라보는데 있어 매우 중요한 요소가 될 것이라고 생각한다. 그 점에서 이 책이 지니는 가치는 크다고 생각한다.

《계율에 방울 달기-지계와 파계 사이의 계율 부흥 운동》. 번역본을 내면서 책의 제목을 달리해 보았다. 원제도 좋지만, 지계와 파계 사이에서 요동쳐 온 일본불교의 상황을 통해 계율의 중요성을 다시금 돌아보았으면 하는 마음에서 '계율에 방울 달기'라는 제목을 선택했다. 일본불교는 말할 것도 없고, 한국불교도 언제부턴가 계율에 대한 출·재가자들의 관심이나 실천은 매우 낮은 상태인 것 같다. 그런 무관심에 딸랑 딸랑 경종을 울리며 불교도들이 계율에 생명력을 불어넣어 주기를 바라는 마음을 담고 있다. 회복할 수 없을 것 같은 깊은 파계의 늪을 눈앞에 하고도 계율 부흥 운동을 통해 출가자로서 수행승으로서의 삶을 이어가고자 했던 일본 승려들의 삶이 어떤 가치를 지니는 것인지, 본서가 불교도로 살아가는 자신의 삶을 재점검하는 계기를 많은 이에게 제공해 줄 수 있다면, 역자로서 더할 나위 없이 보람되고 감사한 일이다.

　　이 책의 번역을 허락해 주신 마츠오 켄지 교수님을 비롯하여, 역자가 일본불교사에 관심을 갖도록 이끌어주시고 제목을 정할 때도 조언을 아끼지 않으신 동국대 김호성 교수님, 그리고 '계율에 방울 달기'라는 표현을 제안해 준 동국대 후배 이필원 선생에게 진심으로 감사의 마음을 전한다. 그리고 기꺼이 출판을 허락해 주신 올리브그린의 오종욱 대표님께도 깊이 감사드린다.

2017년 2월 15일
이자랑

미주

5계 27

10선계 151

ㄱ

가사기데라 111, 115, 122, 125, 127, 128, 131

가이쥬센지 101, 133

가쿠뇨 101

가쿠쇼 90, 91, 92

가쿠죠 133, 135, 136, 138, 143, 144, 147, 148,
170, 171, 172, 174, 177, 190

간제온지 42, 43, 45, 134, 201

감진 35, 40, 42, 44, 201

겐신 69

결계 146

계단 30, 35, 36, 40, 41, 42, 43, 44, 46, 59,
60, 64, 65

계랍 41, 42, 43, 60

계첩 37, 39, 61, 62, 63, 157, 159

계체 24, 25

고엔 177, 178

고후쿠지 12, 13, 47, 123, 127, 130, 132, 133,
143, 144, 146, 147

공청 75

관승 14, 22, 41, 42, 55, 66, 73, 74, 76, 77,
81, 93, 97, 99, 103, 106, 107, 110, 115, 117,
119, 120, 121, 123, 124, 125, 126, 127, 128,
137, 141, 144, 146, 148, 149, 151, 152, 171,
173, 174, 177, 178, 181, 187, 189, 194, 200

교키 147, 148

구족계 25

구카이 140

ㄴ

니치렌 160

닌쇼 11, 14, 103, 104, 105, 106, 150, 151, 152,
162, 169, 174, 175, 176, 189, 200, 203

ㄷ

다이고지 139, 141, 142

대승계단 48

대승계단 47, 48

도겐 61, 161

도다이지 14, 36, 37, 42, 43, 45, 47, 66, 73, 74, 76, 80, 97, 117, 120, 121, 123, 140, 144, 145, 148, 171, 201

도다이지 계단 41, 42, 43, 44, 46, 55, 56, 59, 61, 62, 63, 64, 117, 121, 122, 123, 137, 138, 139, 149, 153, 177, 180

도쇼다이지 121, 135, 138, 147

동대사계단원수계식 120, 121, 122

둔세 127

둔세승 127, 149, 152

득도 25

ㄹ

란케이 도류 52

ㅁ

말법등명기 11

묘닌 189, 190, 191

묘젠 61

ㅂ

범망경 24, 25, 47, 49, 50, 53, 54, 147, 163, 164, 165, 177

범망포살 147, 151

범학진량 194

별수 136, 137, 138, 148, 149, 190, 192, 194

불현전 5사 48, 57

비구니 계단 65, 66, 152, 153, 154, 156

ㅅ

사분율 8, 23, 24, 25, 26, 34, 37, 44, 47, 48, 49, 50, 136, 137, 143, 147, 162, 199

사분포살 147

사이다이지 104, 135, 140, 144, 145, 146, 151, 152, 158, 159, 189, 190, 191

사이쵸 46, 47, 48, 50, 54, 55, 56, 102, 177, 178

사청 75

석가 신앙 128, 129, 130

소쇼 14, 72, 73, 74, 75, 76, 77, 78, 80, 81, 82, 86, 87, 88, 89, 92, 97, 98, 99, 107, 108, 109, 110, 111, 112, 113, 114, 115, 117, 128, 130, 132, 200

수계 24, 25, 27, 28, 37, 40, 43, 45, 48, 55, 56, 60, 63, 64, 65, 117, 119, 121, 136, 149, 153, 156, 160, 201

수계 제도 35, 36, 40, 41, 42

순죠 133, 134, 135, 174

승니령 83, 125

승병 66

신란 11, 99, 177, 181, 183, 185, 200

신의율종 138

실유불성설 46

ㅇ

야쿠시지 42, 44

에이존 10, 11, 14, 104, 106, 115, 129, 133, 138,
139, 140, 141, 142, 143, 144, 146, 147, 148,
149, 150, 151, 152, 153, 154, 156, 159, 161,
162, 163, 165, 166, 167, 168, 170, 171, 172,
174, 175, 177, 185, 189, 190, 200

에친 177, 178, 179

엔랴쿠지 13, 44, 45, 47, 48, 53, 55, 56, 57,
58, 66, 99, 102, 123, 144, 177, 178, 181,
185, 191, 201

엔랴쿠지 계단 46, 48, 54, 55, 56, 59, 61,
62, 64, 117, 153, 177, 178, 180

엔친 48, 56, 58

왕생요집 69

율승 14, 138, 151, 170, 172, 173, 174, 175, 176,
200, 203

ㅈ

자서수계 48, 134, 135, 136, 137, 143, 144,
190, 202

점찰경 134, 135, 136, 143

정법율 191, 192, 193, 194, 196

젠신니 33, 34

죠케이 78, 80, 85, 122, 123, 125, 126, 127,
128, 129, 130, 131, 132, 133, 174

중수계 25

지운 192, 193, 194, 196

지젠 155, 156

지츠한 120, 130

ㅊ

참 제자 67, 68, 116

ㅌ

태정관포고 9, 196

통수 136, 137, 138, 192

ㅍ

포살 25, 32, 33, 146, 173, 174, 175, 178

ㅎ

홋쇼지 115
홋케지 153, 154, 155, 156, 159, 161

_마츠오 켄지松尾剛次

1954년 나가사키長崎현에서 출생했다. 도쿄東京대학 대학원에서 박사과정을 마치고, 1994
년에 도쿄대학 문학부에서 박사학위를 취득했다. 현재 야마가타山形대학 인문학부 교수로
재직 중이다. 일본불교 종합 연구 학회 회장 및 도쿄대학 특임교수 등을 역임하였다. 저서
로는《勸進と破戒の中世史》(吉川弘文館),《鎌倉新佛敎の誕生》(講談社現代新書),《佛敎入門》
(岩波ジュニア新書),《「お坊さん」の日本史》(生活人新書) 등이 있다.

_이자랑李慈郞

동국대학교 인도철학과 및 동 대학원 석사과정을 졸업했다. 일본 도쿄東京대학에서 2001년
〈초기불교교단의 연구-승단의 분열과 부파의 성립〉으로 문학박사 학위를 취득했다. 현재
동국대학교 불교학술원 HK교수로 재직 중이다. 저서로는《나를 일깨우는 계율 이야기》,
《붓다와 39인의 제자》,《도표로 읽는 불교입문》(공저) 등이 있다.

계율에 방울 달기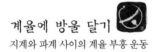
지계와 파계 사이의 계율 부흥 운동

초판   2017년 3월 21일
지은이 마츠오 켄지
옮긴이 이자랑
펴낸이 오종욱
펴낸곳 올리브그린
　　　　서울특별시 서초구 양재천로29길 3 원창빌딩 502호
　　　　olivegreen_p@naver.com
　　　　전화 070-6238-8991 / 팩스 0505-116-8991

값 12,000원
ISBN 978-89-98938-17-8

이 도서의 국립중앙도서관 출판시도서목록(CIP)은 서지정보유통지원시스템(http://seoji.nl.go.kr)과 국가자료공동목록시스템(http://www.nl.go.kr/kolisnet)에서 이용하실 수 있습니다.(CIP제어번호: CIP2017006011)